기독교문서선교회(Christian Literature Center: 약칭 CLC)는 1941년 영국 콜체스터에서 켄 아담스에 의해 시작되었으며 국제 본부는 미국 필라델피아에 있습니다. 국제 CLC는 59개 나라에서 180개의 본부를 두고, 약 650여 명의 선교사들이 이동도서차량 40대를 이용하여 문서 보급에 힘쓰고 있으며 이메일 주문을 통해 130여 국으로 책을 공급하고 있습니다. 한국 CLC는 청교도적 복음주의 신학과 신앙서적을 출판하는 문서선교기관으로서, 한 영혼이라도 구원되길 소망하면서 주님이 오시는 그날까지 최선을 다할 것입니다.

추천사 1

조 영 민 목사
나눔교회 담임목사, 『하나님을 선택한 구약의 사람들』 저자

일반적으로 한 영역에서 10년 이상 일한 사람을 우리는 전문가라고 합니다. 15년 동안 한 영역에서, 그것도 열심히 일한 사람이 있다면, 우리는 그가 하는 '그 영역'에 대한 이야기를 주의 깊게 들어야 합니다. 그 세계에 깊이 들어가 본 적 없는 이들에게 주는 특별한 지혜가 담겨 있기 때문입니다.

저자는 지난 15년간 청소년 사역을 했고 지금도 진행형입니다. 동시대의 목회자로서 청소년 사역을 그만큼이나 한다는 것이 얼마나 어려운 일인지 압니다. 이들은 이 시대에 가장 빠른 속도로 변하는 이들인데, 이 변화를 따라가는 것 자체가 사역자로서 쉽지 않습니다. 이들은 다양한 이유로 기독교와 교회에 대한 반감도 큽니다.

또한, 부모의 영향 아래서 벗어나는 자립의 과정에서 부모가 물려준 신앙에서도 벗어나려 하는 경우도 많습니다. 따라서 이들은 이 시대 교회 안에서 가장 사역하기 어려운 대상임이 분명합니다. 이들과 함께 15년? 나로서는 상상하기 어렵습니다. 그런데 저자는 그 어려운 일을 했고, 하고 있습니다.

저자는 기독 청소년들이 자기 신앙을 지키기 위해 '성경적 가치관'의 확립이 절대적이라 말합니다. 부딪히게 되는 여러 가지 상황에 대

한 그들만의 가치를 형성하게 되는 시기이기 때문입니다. 저자의 특이점은 '성경적 가치관'을 개념이나 논리로 풀어가지 않는다는 부분입니다. 다시 말해, 청소년이라는 대상의 특징을 고려해 개념과 논리가 아니라 그들이 경험하는 문제에서부터 성경적 가치를 들려줍니다. 답을 정해놓고 시작하는 것이 아니라 각각의 상황에 따른 길을 찾아가는 과정에서 성경적 가치관이 무엇인지를 경험하게 하는 방식입니다.

저자는 청소년들과 대화합니다. 청소년들은 질문하고 그 질문에 저자는, 상황에 대한 분석과 상황에 따른 성경적 가치를 보여 주는 성경 본문 해석과 성경 인물의 경우들을 실례로 제시합니다. 성경적 사고가 무엇인지 성경을 내 삶에 어떻게 적용해야 하는지를 질문과 대답이라는 익숙한 방식으로 익히게 만듭니다.

전작인 『얘들아, 하나님 감성이 뭔지 아니?』에 이어 이 책에 있는 20가지 주제를 차근차근 정리하는 과정을 통해 저자가 섬겨주기를 원하는 '성경적 가치관'이 무엇인지 발견하기를 바랍니다. 청소년들이 직접 함께 읽으며 자신들의 질문에 대한 답변을 찾아 읽고 토론해 봐도 좋겠고, 교사나 부모들이 아이들의 질문에 대답하기 위해 이 책을 활용해도 좋겠습니다.

누구나 쉽게 읽을 수 있는 문체의 글이지만 그 내용 하나하나를 쓰기 위해 실제 청소년과 성경 사이에서 오래오래 머물며 남긴 하나하나의 글들은 절대 가볍지 않습니다. 청소년을 사랑하는 목회자로서, 또 이 청소년기 두 아이를 키우는 신앙을 가진 아버지로서, 참 좋은 기독교 신앙을 가진 청소년을 위한 책을 만났습니다.

추천사 2

이 정 현 목사
청암교회 담임목사, 개신대학원대학교 겸임교수, 『청소년 설교 체인지』 저자

　코로나를 겪으면서 한국 교회 청소년들의 연약한 믿음을 다시 한 번 느끼고 있습니다. 이렇게 쉽게 무너지는 것이 우리 기독 청소년들이었나 하는 생각마저 듭니다. 청소년들에게 믿음이 없다는 말은 세상을 사는 방식이 비신자 학생들과 별반 차이가 없다는 뜻입니다. 쉽게 설명하면, 우리 교회 청소년들에게 기독교 세계관이 제대로 형성이 되어 있지 않다는 뜻입니다.

　세계관은 세상을 바라보는 틀인데, 기독 청소년들은 하나님의 말씀으로 세상을 바라보고 해석해야 합니다. 이 책에서는 어떻게 하면 청소년들이 다양한 삶의 이슈와 고민에 있어서 기독교 세계관을 가지고 살아가야 할지를 친절하게 설명해 주고 있습니다. 청소년들의 눈높이에 맞추어서 아주 쉽게 기독교 세계관을 가지고 세상을 살아가는 법을 구체적으로 설명해 주고 있습니다.

　이런 장점이 묻어 나오는 책입니다. 우선은 청소년들이 관심 가질 만한 삶의 문제를 질문으로 던져 주니까 좋습니다. 저자의 많은 경험이 포함돼 있어서 읽고 공감하기 좋습니다. 성경 인물들의 이야기가 계속 나와서 본받고 적용하기도 좋습니다. 수필 형식으로 쓰여 있어서 누구든지 쉽게 책에 빠져들어 갈 수 있습니다. 청소년들에게

기독교 신앙과 세계관 형성이 큰 도움이 될 것입니다. 그뿐만 아니라 청소년들을 말씀으로 지도해야 할 교역자들과 교사들과 부모들에게도 큰 도움이 될 책입니다.

추천사 3

정 석 원 목사
예수향남교회 협동목사, 『청소년 교사를 부탁해』 저자

알리스터 E. 맥그래스(Alister E. McGrath) 교수는 포스트모더니즘 시대에 기독교 진리를 전할 수 있는 강력한 도구로 '이야기'를 꼽았습니다. 시대가 변하고 문화가 바뀌어도 인간은 여전히 이야기를 좋아하고 이야기 안에 머무는 존재라는 이유였습니다. 그런 점에서 이 책은 현대를 살아가는 다음 세대들에게 꼭 필요한 책입니다. 이야기를 통해 기독교 진리의 절대성, 아름다움, 깊이를 전달하고 있기 때문입니다.

이 책의 저자 김 맥 목사님은 탁월한 이야기꾼입니다. 사람들을 사로잡는 탁월한 이야기 전달자는 삶을 이야기합니다. 우리는 모두 삶을 살아가는 존재이기 때문입니다. 다음 세대들에게 자칫 어렵거나 딱딱하게 느껴질 수 있는 기독교 진리를 삶의 이야기를 통해 알기 쉽고 부드럽게 전달하고 있습니다. 다음 세대에게 이야기는 알기 쉽고 부드럽게 전달하는 것으로 충분하지 않습니다. 공감을 불러일으켜야 합니다. 아무리 좋은 이야기라도 마음에 흘러와 고이지 않으면 그저 흘러왔다 흘러가는 수많은 이야기 중 하나에 그치기 때문입니다.

이 책은 읽는 이가 공감하게 합니다. 그 이유는 저자인 김 맥 목사님과 제자들의 삶을 이야기의 기반으로 하기 때문입니다. 자기 삶은 없고 다른 이들의 삶으로만 점철된 이야기는 공허합니다. 허공에 진동만으로 그칠 뿐입니다. 그러나 전하는 자의 삶 이야기는 듣는 이들의 마음을 움직입니다. 결국에는 삶의 실천으로 이어지게 됩니다.

다음 세대, 특별히 사춘기를 지나가는 청소년 아이들은 추상적인 사고를 하기 시작합니다. 보이는 세상뿐만 아니라 보이지 않는 세계에 관해 관심을 가지게 됩니다. 동시에 비판적인 사고를 시작합니다. 이제껏 당연하게 받아들였던 이야기들에 대해 따져보고 질문하게 됩니다. 그러나 보통의 경우에는 이 문제에 관해 교회 안에서는 입을 열지 않습니다. 진리에 대한 이성적 고민과 비판적 질문은 '믿음 부족', '기도 부족', '훈련 부족'으로 치부될 수 있음을 감지하기 때문입니다. 많은 경우에 이런 의문과 질문은(들키지 않게) 고이 간직해 두었다가 청소년부를 졸업하면서 신앙도 셀프 졸업하게 됩니다.

아이들의 신앙에 대한 질문을 알기 쉽고, 부드럽고, 공감되도록 설명해 놓은 이 책을 맞이할 수 있어서 참 다행이고 감사하다는 마음이 듭니다. 이 진리 이야기에 들어오는 다음 세대는 더 이상 '다른 세대'가 아닌 신앙을 이어가는 '진정한 다음 세대'가 될 것입니다.

추천사 4

김 영 한 목사
Next세대Ministry 대표, 품는교회 담임

목회 사역 중 가장 힘든 3D 사역은 무엇일까? 다음 세대 사역일 것입니다. 그중에서 가장 힘겨운 부서는 청소년 섬김일 것입니다. 심지어 청소년을 외계인이라고 하기도 합니다. 치매 환자와 청소년 뇌는 비슷한 것 같다고 말하기까지 합니다.

그런데 그런 청소년 사역을 15년 이상 하고 있는 목회자가 있습니다. 바로 김 맥 목사입니다. 청소년 설교, 상담, 목회에 맥을 잡고자 하는 분은 이 책을 읽으면 어느 정도 감이 잡힐 것입니다.

실제로 한 상담, 그리고 그들과 나눈 대화, 게다가 질풍노도의 시기에 꼭 필요한 주옥같은 메시지도 담겨 있습니다. 저자가 먼저 쓴 『애들아! 하나님 감성이 뭔지 아니?』에 이어 이번 책 『하나님, 저도 쓰임 받을 수 있나요?』 또한 성경적 가치관에 관해 썼습니다. 방향성이 없으면, 방황하고, 방황하면, 방탕하게 됩니다.

이 책을 통해 성경적 가치관을 가지고, 다음 세대가 중독, 우울, 상처가 아니라 하나님과 하나님의 나라를 향해 독수리처럼 솟아오르길 소망합니다. 다음 세대를 사랑하는 목회자, 교사 그리고 다음 세대 부모에게도 이 책을 추천합니다.

추천사 5

홍 민 기 목사
브리지임팩트사역원 이사장, 라이트하우스무브먼트 대표

현장이 없이는 아이들을 진심으로 사랑할 수 없습니다. 그래서 사역자의 열매는 현장입니다.

현장 사역자로 오랫동안 아이들과 뒹굴며 사역해 온 김 맥 목사님이 아이들과의 대화 속에서 나온 질문들을 자세하게 성경적으로 답하는 글들이 책으로 나오게 되어 무척 반갑고 기쁩니다.

교과서의 답이 아니라 삶으로 나눈 답입니다. 일방적인 답이 아니라 그들과 함께 고민한 답입니다.

현장은 무척 어려워졌지만 그래도 아이들 편에 서있는 사역자만 있다면 소망이 있음을 다시 한번 느낍니다. 청소년 사역 현장 곳곳에서 아름답게 사용되길 기도합니다.

클릭! 청소년 신앙생활 지침서 ②
하나님, 저도 쓰임 받을 수 있나요?

Would you work through me?
Written by Maek Kim
All rights reserved.
Korean Edition Copyright ⓒ 2023 by Christian Literature Center, Seoul, Korea.

하나님, 저도 쓰임 받을 수 있나요?
클릭! 청소년 신앙생활 지침서 ②

2023년 1월 30일 초판 발행
2024년 3월 14일 초판 2쇄 발행

지 은 이 | 김 맥

편   집 | 도전욱
디 자 인 | 박성숙
펴 낸 곳 | (사)기독교문서선교회
등   록 | 제16-25호(1980. 1. 18.)
주   소 | 서울특별시 동대문구 천호대로71길 39
전   화 | 02-586-8761~3(본사) 031-942-8761(영업부)
팩   스 | 02-523-0131(본사) 031-942-8763(영업부)
이 메 일 | clckor@gmail.com
홈페이지 | www.clcbook.com
송금계좌 | 기업은행 073-000308-04-020 (사)기독교문서선교회
일련번호 | 2023-2

ISBN 978-89-341-2520-4(03230)

이 책의 출판권은 (사)기독교문서선교회가 소유합니다.
신저작권법에 의하여 한국 내에서 보호받는 저작물이므로 무단 전재와 무단 복제를 금합니다.

클릭! 청소년 신앙생활 지침서 ②

하나님, 저도 쓰임 받을 수 있나요?

김맥 지음

CLC

목차

추천사

조영민 목사 | 나눔교회 담임목사, 『하나님을 선택한 구약의 사람들』 저자   1

이정현 목사 | 청암교회 담임목사, 개신대학원대학교 겸임교수   3
『청소년 설교 체인지』 저자

정석원 목사 | 예수향남교회 협동목사, 『청소년 교사를 부탁해』 저자   5

김영한 목사 | Next세대 Ministry 대표, 품는교회 담임   7

홍민기 목사 | 브리지임팩트사역원 이사장, 라이트하우스무브먼트 대표   8

저자 서문   14

1. 나에게 불행이나 고난이 찾아왔을 때 어떻게 해야 하나요?   18
   (아브라함과 기근)

2. 하나님은 우리의 사랑을 확인하고 싶어 하신다!   34
   (아브라함과 이삭)

3. 당신의 호칭은 크리스천입니까?   48
   (요셉과 보디발의 아내)

4. 목사님! 세상은 크리스천이 살기에 너무 불공평합니다   60
   (요셉의 고백)

5. 목사님! 동성애는 서로 다른 건가요? 잘못된 건가요?   73

6. 당신의 세계관은 무엇인가요?   87
   (여호수아와 갈렙)

7. 당신은 하나님을 인격적으로 만났나요?   101
   (여호수아의 죽음과 다음세대)

8. 크리스천은 거짓말해도 되나요? 하나님을 속일 수 있나요?   118
  (사울과 사무엘)

9. 크리스천! 당신은 외모 vs 마음 중에 뭐를 선택할 건가요?   132
  (왕으로 선택받은 다윗)

10. 크리스천은 거룩한 분노를 품는 사람입니다!   144
  (다윗 VS 골리앗)

11. 크리스천은 하나님을 항상 의식하는 사람이어야 합니다   159
  (다윗 VS 사울)

12. 하나님은 어떤 사람을 인정하실까요?   169
  (다윗의 성전 짓기)

13. 하나님은 교만한 자가 아닌 겸손한 자를 사랑하신다   185
  (다윗과 밧세바)

14. 당신이 크리스천이라면 반드시 선택해야 합니다!   196
  (엘리야 VS 바알 선지자)

15. 크리스천은 코로나19와 같은 재난 속에 어떻게 해야 하나요?   210
  (히스기야와 앗수르)

16. 세상에서 성공한 크리스천은 어떤 사람인가요?   224
  (느헤미야의 사명)

17. 하나님! 제가 가겠습니다. 저를 보내 주세요!   235
  (이사야의 외침)

18. 아직 당신은 인생을 포기하기엔 이르다!   245
  (에스겔과 마른뼈)

19. 당신도 금 신상 앞에 절하지 않을 수 있습니까?
  우상에서 떠날 수 있습니까?   257
  (다니엘의 세 친구 사드락, 메삭, 아벳느고)

20. 다니엘은 왜 사자굴에 들어갔을까요?   270

저자 서문

얼마 전 고등부 남학생 한 명이 저에게 이렇게 카톡을 보내왔습니다.

> 목사님 드릴 말씀이 있어요. 부모님은 기도를 할 때 은혜를 받는다고 하는데 저는 은혜를 받는다는 것이 무슨 말인지 전혀 모르겠어요. 그리고 주변에 친구들이 기도할 때 왜 눈물을 흘리는지 이해가 안 가요.
> 목사님 제 신앙생활이 잘못되었나요?
> 저는 나름대로 성경도 읽고, 기도도 하고, 교회도 다니는데 아직 뭐가 뭔지 잘 모르겠어요.

저는 그 친구에게 카톡으로 이야기하기에는 너무 중요한 주제라서 직접 만나자고 이야기했습니다. 그리고 우리는 그날 저녁에 만나서 햄버거를 먹으면서 이 주제에 관해 이야기했습니다.

그 친구는 모태신앙으로 어릴 때부터 교회에 다녔습니다. 부모님을 따라 교회에 다니면서 주일학교 예배도 빠지지 않고 참석했습니다. 심지어 금요 철야도 참석하고 주일 저녁 예배까지 참석했습니다. 하지만 그 친구는 여전히 하나님의 은혜가 뭔지 몰랐고 왜 사람들이 눈물을 흘리며 기도하는지 이해가 가지 않는다고 말했습니다.

그렇다면 그 친구는 오랫동안 교회에 다녔음에도 왜 그런 말을 했던 것일까요?

왜냐하면, 그 친구는 아직 하나님을 인격적으로 만나지 못했던 것입니다. 하나님이 정말 살아계셔서 내 삶에 역사하시는 분이심을 체험하지 못했던 것입니다. 그런데 저는 그 친구가 너무 이해가 되었습니다. 왜냐하면, 저도 청소년 때 그런 마음을 가지고 있었기 때문입니다. 수련회 때 주변에 선배와 친구들이 눈물을 흘리며 기도하는 모습을 보면서 왜 그렇게까지 기도하는지 이해가 되지 않았습니다.

하지만 하나님을 인격적으로 만났을 때 저는 죄인임을 깨닫게 되었고 이제는 나를 위해 사는 것이 아니라 예수님을 위해 살아가겠노라고 고백하게 되었습니다. 그날 저녁 저는 그 친구와 제 어릴 적 신앙 경험을 함께 나누며 그 친구에게 하나님을 인격적으로 만나기를 사모하자고 말했습니다.

청소년 사역을 15년 동안 해오면서 제일 많이 만난 학생들은 어릴 때부터 부모님과 함께 교회를 다녔지만 믿음이 전혀 없는 아이들이었습니다. 이 아이들은 어릴 때부터 자기 의사와 상관없이 부모님의 손에 이끌려 교회를 다니고 있는 케이스였습니다.

아이들은 어릴 때부터 교회에 다녀서 교회를 나오는 것에 대한 거부감은 없었습니다. 하지만 하나님을 향한 믿음은 전혀 없었습니다. 그래서 고3을 졸업하고 20살이 되면 많은 아이가 교회를 떠나거나 신앙이 없는 사람으로 살아갔습니다.

많은 청소년이 어릴 때부터 매주 주일 예배에 참석하고 설교를 듣고 공과 공부를 하면서 하나님이 어떤 분이신지 들어왔습니다. 예수님이 우리를 위해 십자가에 피 흘려 죽으시고 부활하셨다는 사실을 너무 많이 들어왔기 때문에 누구보다 잘 알고 있습니다. 그래서 하나님을 향한 지식은 잘 알고 있습니다.

하지만 하나님을 인격적으로 체험하지 못했기 때문에 하나님을 향한 단편적인 지식은 있지만 여전히 영적으로 병들어 있습니다. 그리고 하나님의 말씀이 무엇인지 몰라 무엇이 옳고 그른지 분별하지 못한 채 세상의 죄악 된 문화에 빠져 살아가고 있습니다. 그래서 20살이 돼서 부모님의 영향에서 벗어나면 자연스럽게 교회를 떠나는 모습들을 보게 되는 것입니다.

저는 이런 현실이 너무 안타까웠습니다. 교회는 오래 다녔지만 하나님을 인격적으로 만나지 못하고 세상 사람들과 다를 바 없게 살아가는 청소년들을 볼 때마다 가슴이 찢어졌습니다.

저는 그런 청소년들을 위해서 글을 썼습니다. 교회는 오래 다녔지만 여전히 하나님을 인격적으로 만나지 못해서 방황하고 있는 청소년들이 변화되기를 원하는 간절한 마음으로 글을 썼습니다.

책 내용에는 제가 아이들과 제자훈련을 하면서 아이들과 함께 나눴던 이야기들, 설교 시간에 했던 말씀들, 평소에 아이들과 만나서 함께 했던 이야기들을 모아서 글을 썼습니다.

저는 이 책을 대한민국에 있는 많은 크리스천 청소년이 읽기를 바랍니다. 그래서 하나님을 인격적으로 만나는 것이 무엇인지, 하나님을 위해 사는 것이 무엇인지, 옳고 그름을 분별하는 것이 무엇인지 알기를 원합니다.

저는 이 책을 대한민국에 있는 많은 청소년 사역자가 읽기를 바랍니다. 그래서 아이들을 어떻게 성경적으로 지도할 것인지 고민하며 답을 찾는 시간이 되기를 바랍니다.

저는 이 책을 대한민국에 있는 많은 청소년 교사가 먼저 읽기를 바랍니다. 그래서 하나님의 마음으로 아이들을 품고 가르치는 교사가 되기 바랍니다.

이 책을 쓰면서 도움을 주셨던 여러 분이 있습니다. 먼저 사랑하는 저의 아내에게 감사를 드립니다. 그리고 언제나 저와 함께해 줬던 화원교회 고등부 친구들에게 정말 감사 드립니다. 마지막으로 이 책을 쓸 수 있도록 저를 인도하신 하나님께 감사 드립니다.

나에게 불행이나 고난이 찾아왔을 때 어떻게 해야 하나요?
(아브라함과 기근)

> 목사님, 저 1년 동안 준비한 시험을 못치게 됐어요.
> 저 이제 어떻게 해야 하나요?

얼마 전에 남학생 한 명이 나에게 심방을 요청했다. 나에게 꼭 해야 할 말이 있다고 해서 그 친구를 만나러 집 앞으로 갔다. 그 친구가 집에서 나오는데 표정이 좋지 않아 보였다. 그 친구는 차에 타서 자신이 있었던 일을 덤덤하게 이야기했다.

학생: 목사님, 저 드릴 말씀이 있어요.
나: 응. 말해봐. 무슨 일 있어? 표정이 너무 어둡네.
학생: 목사님, 저 시험 준비하고 있었잖아요. …
나: 응. 그래. 이제 얼마 안 남았잖아. 기도하고 있어.
학생: 목사님, 저 시험 못 치게 됐어요 ….

나: (놀라면서) 뭐? 무슨 일 있었어? 시험 1년 동안 준비했는데 못 치게 됐다니 … 무슨 일이야?

그 학생은 1년 동안 건축 공무원 시험을 준비 중이었다. 고2 때부터 준비했고 이제 고3이 되어 시험을 3개월 정도 남겨둔 상황이었다. 도대체 그 학생에게 어떤 일이 있었던 것일까?
며칠 전 학교에서 담임 선생님이 그 학생을 불렀다.

선생님: ○○아 선생님이 너한테 할 말이 있는데 놀라지 말고 들어봐. …
학생: 네. 선생님
선생님: 선생님이 네 시험 성적표를 확인해봤는데 한 과목이 89점으로
       되어 있더라.
학생: 네? 그럴리가 없어요. 저 시험 준비할 때 다 확인하고 시작했었어요.
선생님: 그래 … 선생님도 그런 줄 알았는데 ○○ 과목이 89점이더라고 …
       몇 번이나 확인했는데 그 점수가 맞더라.
학생: 아 … 선생님 그럼 전 어떻게 되는 건가요?
선생님: 선생님이 너한테 너무 미안하구나.
       이번에 시험 치기 어려울 것 같아. …
학생: 아 … 1년 동안 열심히 준비했는데 … 어떻게 이런 일이. …

그 학생이 교무실에 갔더니 담임 선생님이 무거운 표정으로 그 학생의 성적표를 보여 주시면서 건축 공무원 시험을 못 치게 되었다고

말씀하셨다. 이유는 시험 자격이 안 돼서 시험에 응시할 수 없다고 하셨다. 건축 공무원 시험을 치려면 1학년 때부터 학교에서 친 모든 시험점수가 90점을 넘어야 했다. 당연히 그 친구는 모든 시험에서 90점을 넘었기에 건축 공무원 시험을 준비했다. 그런데 알고 봤더니 한 과목이 89점으로 90점에서 1점이 모자랐던 것이다. 선생님은 뒤늦게 이 사실을 알았고 그 학생을 불러 말해 주었다.

당시 시험을 준비할 때는 2학년 때 담임 선생님이 성적이 다 돼서 시험을 칠 수 있다고 말씀하셨다. 그런데 3학년이 되어서 바뀐 담임 선생님이 성적표를 확인하다가 한 과목에서 89점을 발견하게 되었던 것이다. 그 학생은 그런 사실도 모른 채 시험을 칠 수 있는 줄 알고 1년 가까이 시험을 준비했다.

내가 봐도 그 학생은 정말 열심히 시험을 준비했다. 특성화고임에도 다른 친구들이 수업을 마치고 갈 때 학교에 남아서 저녁 늦게까지 공부했다. 모의고사를 치면 점수도 잘 나와서 학교 선생님들끼리 이 학생은 꼭 합격할 거라고 서로 이야기할 정도였다. 그런데 시험점수 1점이 모자라서 1년 동안 준비했던 시험을 못 치게 되었던 것이다

그 학생이 나에게 이렇게 말했다.

학생: 목사님, 정말 억울합니다. 시험 준비를 시작하기 전에 알았다면 깨끗하게 포기하고 다른 시험을 준비했을 텐데 왜 1년이 지난 지금에서야 알게 됐는지 이 상황이 너무 화가 납니다.

나: 어휴 … 목사님도 너무 슬프네. 네가 정말 열심히 준비한거 목사님도 옆에서 봐서 잘 알고 있어. …

학생: 목사님. 시험을 못 친다는 소식을 들었을 때 화가 나기도 했지만, 더 답답했던 것은 '왜 하나님은 1년 동안 침묵하셨을까?'라는 생각으로 가득했습니다. 하나님께서 저를 사랑하신다면 미리 좀 알려주시지 하는 생각이 머릿속에서 떠나지 않더라고요. 목사님.
저 이제 어떻게 해야 하나요?
답이 안 나와요.

나: 그랬구나. 목사님도 너의 답답한 마음이 느껴지네. 너무 가슴 아프다. 그래도 OO아, 우리 함께 하나님께 기도해 보자. 하나님도 지금 너의 이 상황을 잘 알고 계실 거라 확신해. 우리 정말 간절히 기도하자.

학생: 네. 목사님. 기도할게요. 저를 위해서 꼭 기도해 주세요.

나: 그래그래.

나는 이 학생의 사연을 듣고 너무 안타까웠다. 이 학생은 1년 동안 공부하면서 일주일에 두, 세 번은 꼭 새벽기도에 나와서 기도하는 하나님께 열심이 있는 친구였다. 고등부에서는 셀 리더도 하고 찬양팀으로 오랫동안 섬겨왔던 친구였다. 시험을 준비할 때도 가슴에 하나님을 향한 꿈을 품고 기도하며 준비했었다. 그런데 1년 동안 공부했던 것이 물거품이 되어버린 것이다.

그 학생은 지금 이 상황이 너무 힘들다고 말했다. 그리고 더 답답하고 화가 나는 이유는 이런 질문 때문이었다.

'왜 하나님은 침묵하셨는가?'

그 학생이 이 질문에 대해 답답함을 호소했을 때 나는 그 학생에게 어떤 말도 해줄 수 없었다. 나 또한 그 학생의 상황이 너무 안타깝고 답답했다.

'하나님!

1년 전에 말씀해 주시지, 왜 시험 때가 다 되었을 때 알게 되었을까요?'

이런 의문이 내 머릿속에 가득했다. 당연히 그 학생을 향한 하나님의 인도하심이 있을거라는 믿음이 있었지만, 그 학생이 마음을 회복하는 것이 쉽지 않아 보였다. 나는 이 학생의 사연을 통해 당신에게 묻고 싶은 질문이 하나 있다.

당신에게도 전혀 예상하지 못했던 일로 인해 마음 아파하며 힘들었던 적이 있지 않은가?

우리는 이처럼 인생을 살아가면서 우리가 예상하지 못했던 많은 고난과 불행을 겪는다. 언제나 좋은 일만 가득하고 고난과 불행은 미리 알아서 피하고 싶지만, 고난과 불행은 내 마음대로 피할 수 있는 것이 아니다. 고난과 불행은 예고 없이 찾아오기 때문에 우리가 미리 알고 대비를 할 수 없다. 심지어 마음의 준비를 할 여유조차 없다. 그리고 더 마음이 답답한 것은 이런 질문 때문이다

'내가 믿는 하나님은 왜 침묵하고 계시는가?'

내가 오늘 당신과 함께 나누고 싶은 주제는 바로 이것이다.

우리에게 생각하지 못했던 고난과 불행이 찾아왔을 때 우리는 과연 어떻게 대처해야 할까, 그리고 하나님은 정말 침묵하고 계시는 걸까?

1. 고난은 누구에게나 찾아온다

> 그 땅에 기근이 들었으므로 아브람이 애굽에 거류하려고 그리로 내려갔으니 이는 그 땅에 기근이 심하였음이라 그가 애굽에 가까이 이르렀을 때에 그의 아내 사래에게 말하되 내가 알기에 그대는 아리따운 여인이라 애굽 사람이 그대를 볼 때에 이르기를 이는 그의 아내라 하여 나는 죽이고 그대는 살리리니 원하건대 그대는 나의 누이라 하라 그러면 내가 그대로 말미암아 안전하고 내 목숨이 그대로 말미암아 보존되리라 하니라(창 12:10-13).

아브라함은 우리가 너무나 잘 알고 있는 믿음의 조상이다. 아브라함은 믿음으로 이삭을 바쳤다. 하나님께서는 이삭을 바친 아브라함의 믿음을 인정하셨다. 하지만 그런 아브라함에게도 감추고 싶은 흑역사가 있었다.

아브라함이 감추고 싶었던 흑역사는 과연 무엇이었을까?

하나님께서 아브라함을 부르셨을 때 아브라함의 나이는 75세였다. 하나님께서는 아브라함에게 고향과 친척을 떠나 하나님께서 보여 주실 땅으로 가라고 말씀하셨다. 하나님께서는 아브라함에게 "너를 통해 큰 민족을 이루고 너에게 복을 주어 네 이름을 창대하게 할 것이다"라고 말씀하셨다(창 12:2).

아브라함은 하나님의 말씀에 믿음으로 순종했고 하나님께서 가라고 하신 땅으로 갔다. 그 땅은 가나안 땅이었다. 아브라함은 가나안 땅에 도착해서 하나님께 감사 예배를 드렸다. 이제 이곳에서 하나님의 놀라운 역사하심이 아브라함과 함께 할 것이다.

그런데 가나안 땅에 도착한 아브라함에게 한 가지 큰 문제가 생겼다. 가나안 땅에 기근이 든 것이다. 당시 목축업을 하던 아브라함에게 기근은 치명적인 문제였다. 가축들에게 물을 더 이상 먹이지 못한다면 가축은 모두 다 죽고 말 것이다.

위기에 빠진 아브라함은 어떻게 할지 고민했다. 그리고 기나긴 고민 끝에 아브라함은 기가 막힌 해결책을 생각해 냈다. 바로 가나안 땅을 벗어나 애굽으로 가는 것이었다. 애굽에는 나일강이 있어서 기근이 없는 비옥한 땅이었다. 그곳이라면 아브라함이 겪고 있는 기근 문제를 해결할 수 있는 유일한 곳이었다.

그런데 아브라함이 애굽으로 가려고 하는데 아브라함 마음에 한 가지 큰 걱정이 있었다. 그것은 자기 아내 사라의 미모 때문이었다. 아내 사라는 어떤 누가 봐도 이쁜 미모를 가지고 있었다. 이것이 아브라함에게는 큰 걱정거리였다. 아내 사라의 미모가 너무 뛰어나 애굽으로 내려갔을 때 혹여나 애굽 사람들이 아내 사라의 미모를 보고 아브라함 자신을 죽이고 아내 사라를 빼앗아 갈지 모른다는 불안감과 걱정이었다.

그래서 아브라함은 애굽으로 내려갔을 때 어떻게 하면 자기 목숨도 안전하게 보호하면서 아내 사라도 지킬 수 있을지를 고민한다. 그리고 오랜 고민 끝에 기가 막힌 한 가지 방법을 생각해낸다. 바로 자신의 아내 사라를 자기 여동생이라고 속이는 것이었다. 아내 사라를 여동생이라고 속이면 아브라함은 목숨을 지킬 수 있고 아내 사라 또한 다른 외부의 위협으로부터 지킬 수 있을 것이라 생각했다.

그렇게 아브라함은 살기 위해 가나안을 떠나온 가족을 이끌고 애굽에 도착했다. 그런데 애굽에서의 삶은 아브라함의 생각처럼 흘러가지 않았다. 사라의 미모가 애굽 사람들 사이로 퍼지기 시작하더니 급기야 바로의 신하들까지 알게 되었고 바로의 신하들은 애굽의 통치자 바로 앞에서 아브라함의 아내 사라의 미모를 칭찬했다.

사라의 미모를 들은 바로는 사라를 아내로 맞이하기 위해 궁으로 불러들인다. 바로는 아브라함을 사라의 남편이 아닌 오빠라고 생각했기에 아브라함에게 많은 재물을 주었다.

재물을 받고 있는 아브라함의 속이 얼마나 썩어들어갔을지 상상이 가는가?

아브라함은 바로에게 많은 재물을 얻었지만, 전혀 기뻐할 수 없었다. 사랑하는 아내 사라를 바로에게 빼앗겼기 때문이다.

하지만 이야기는 여기서 끝나지 않는다. 아브라함이 혼자서 끙끙 앓고 있을 때 하나님께서 움직이셨다. 하나님께서 바로와 그의 집에 큰 재앙을 내리셨고 바로는 하나님의 재앙 앞에 깜짝 놀라 아브라함을 불러서 "네가 어찌 사라를 네 아내라고 말하지 않았느냐"(창12:18)라고 말하며 사라를 다시 아브라함의 품으로 돌려보낸다.

나는 당신에게 아브라함을 통해 하고 싶은 이야기가 있다. 아브라함도 하나님께서 가라고 하신 가나안 땅에서 기근을 겪은 것처럼 우리 또한 우리가 예상하지 못했던 고난과 어려움을 겪을 수 있다는 것이다.

우리는 고난과 문제가 생겼을 때 그 문제를 해결하기 위해 노력한다. 아브라함처럼 어떻게 하면 내가 손해를 보지 않고 위험을 피하면서 문제를 잘 해결할 수 있을지 고민하며 연구한다. 하지만 결과는 내 바람과는 다르다. 오히려 더 큰 문제와 걱정거리가 산더미처럼 쌓여 간다.

2. 목사님. 저 앞으로 축구 못하게 됐어요

예전에 남학생 한 명이 전화가 왔다.

학생: 목사님. 저예요.
나: 어! 그래. ○○아. 어쩐 일이야?
학생: 목사님. 저 … 드릴 말씀이 있는데요.
　　　혹시 만나실 수 있으세요?
나: 그래그래. 언제 만날까?
학생: 네. 지금 만나고 싶어요.
나: 그래? 지금 목사님이 차 타고 집 앞으로 갈게.

차를 타고 드라이브하면서 남학생에게 왜 만나자고 했는지 물어보았다.

나: ○○아. 왜 그래? 무슨 일 있어?

학생: 목사님 … 흑흑흑 … 저 며칠 전부터 허리가 너무 아파서 오늘 병원에 다녀왔는데 … 허리 디스크래요. …

나: 허리 디스크? 어휴 어떡하니 …

학생: 목사님 … 너무 힘들어요. 허리도 아픈데 의사선생님이 앞으로 축구를 하지 말래요. … 저 어떻게 해요.. 흑흑흑

나: 아 … 그랬구나, … 네가 마음이 많이 힘들겠네. …

학생: 네, … 목사님. 저 허리 아픈 것보다 축구를 하지 말라는 소리에 더 충격받고 힘들어요. …

그 남학생과 만나서 차 안에서 이야기를 하고 있는데 그 남학생은 허리디스크 이야기를 하며 앞으로 축구를 할 수 없다며 슬퍼서 펑펑 울었다. 나는 그 남학생의 마음이 너무 이해가 되었다. 나도 25살에 축구를 하다가 태클에 걸려 전방 십자인대가 파열돼서 그 이후로 맘 편하게 축구를 할 수 없어서 정말 힘들었기 때문이다. 나도 앞으로 축구를 하지 말라던 의사 선생님의 말씀을 듣고 얼마나 좌절했던가 ….

나는 그 남학생에게 말했다.

나: ㅇㅇ아. 허리 디스크가 걸려서 힘든 네 맘 충분히 공감이 간다. 허리도 너무 아프고 축구를 할 수 없다는 생각에 슬프겠지만 목사님은 아직은 걱정하지 않아도 될 것 같아. 네가 지금부터 병원에 다니면서 착실하게 치료를 받으면 자연스럽게 허리도 튼튼해지고 축구를 다시 할

수 있을 거라고 생각해. 그러니 너무 걱정하지 말고 우리 긍정적으로 생각해 보자. 목사님도 너를 위해서 기도할게.

남학생: 네. 목사님 감사합니다. 치료 열심히 받겠습니다.

그 남학생은 갑자기 하루아침에 허리 디스크에 걸린 현실에 너무 힘들어했다. 나는 그 남학생에게 힘을 내자고 이야기했고 열심히 치료받으면서 하나님의 은혜를 구하자고 말했다. 우리는 문제를 겪게 되면 제일 먼저 하는 말이 있다. 원망 또는 불평이다. 그 일이 왜 일어났는지 잘잘못을 따지며 그 일의 원흉이 누구인지 찾는다. 즉 원망할 대상을 찾는다.

나는 25살에 축구 경기 중 전방십자인대가 파열되었다. 부모님께서 거제도에 살고 계시는데 마을끼리 모여서 하는 체육대회 때 축구 경기를 하러 갔다가 상대 팀 선수의 태클에 걸려 넘어져 그대로 오른쪽 전방십자인대가 파열되었다.

그 당시 전방십자인대가 끊어졌을 때 다리가 몹시 아프기도 했지만 나에게 계속해서 들었던 생각은 이랬다.

'많고 많은 사람 중에 왜 내가 다쳤지?

경기에서 뛰는 사람 중 나 혼자 크리스천이었는데 ….

하나님은 왜 침묵하셨을까?'

병원에서 수술 날짜를 기다리며 입원했을 때도 이런 생각이 머릿속을 맴돌았다.

나는 그때 다친 것으로 인해 많은 어려움을 겪어야 했다. 먼저 끊어진 전방십자인대를 다시 연결하기 위해 한 달 동안 병원에서 수술을 받고 회복해야 했다. 그리고 다니던 학교를 휴학해야 했으며 교회 사역도 한 달 동안 쉬어야 했다. 그 뒤에 다시 교회 사역을 나갔을 땐 한동안 목발을 짚고 찬양 인도와 말씀을 전해야 했다. 그리고 다리 회복을 위해 일 년 동안 매일 재활치료를 받아야 했다.

전방십자인대가 끊어졌을 때 많은 어려움을 겪으면서 처음에는 내가 왜 이런 일을 당해야 하는지 원망과 불평이 나왔다. 하지만 시간이 조금씩 흐르면서 이 일을 통해 하나님께서 나에게 주시는 메시지가 있을 거라고 생각했다. 그래서 이 어려움을 내 입장에서 바라보지 않고 하나님의 입장에서 생각하려고 했다. 나는 처음에 전방십자인대가 끊어졌을 때 나에게 왜 이런 일이 일어났는지 알 수 없었지만 시간이 지난 후에 깨달아지는 것이 몇 가지 있었다.

첫째, 나는 하나님보다 축구를 더 사랑했다.

축구 선수도 아니면서 축구 경기를 하는 곳이면 어디든지 달려갔다. 축구는 내 삶의 1순위였다. 하지만 전방십자인대를 다치면서 축구를 내 마음속에서 자연스럽게 내려놓을 수 있었다. 더 이상 축구가 1순위가 아니었다. 내 삶의 1순위는 하나님이셨다. 나는 그 중요한 사실을 전방십자인대가 끊어지면서 다시 한번 더 깨닫게 되었다.

둘째, 나는 전방십자인대가 파열되어 교회에 나가지 못하면서 주일에 드리는 예배가 얼마나 소중한지, 얼마나 하나님의 은혜 가운데 있는 것인지 알게 되었다.

병원에 입원해서 4주 동안 교회에 갈 수 없었다. 그래서 병원에서 예배를 드리는 곳이 없는지 살펴봤지만, 그 당시 내가 입원한 병원에는 예배를 드리지 않았다.

그때 나는 태어나서 처음으로 4주 동안 예배를 빠지게 되었다. 어떤 일이 있어도 주일 예배만큼은 빠지지 않았는데 전방십자인대 파열로 예배를 빠질 수밖에 없었다. 그런데 그때 나는 놀라운 경험을 했다. 병원에 입원한 지 한 주가 지났을 때 몸과 마음이 무력해져 갔다. 처음에 나는 병원에 하루 종일 누워있고 치료를 받고 있어서 몸과 마음이 약해진 것이라고 생각했다.

그런데 병원에 입원한 지 2주가 지나자 내 마음과 몸은 더 무력해져 갔다. 너무 힘들었다. 왜 그런지 이유를 알 수 없었다. 그리고 3주 차가 되었을 때 내가 왜 무력했는지 알 수 있었다. 그 이유는 주일 예배에 참석하지 못한 내가 예배 때 주시는 하나님의 은혜를 받지 못하니까 점점 마음과 몸이 무기력해졌던 것이다.

나는 전방십자인대 파열 이후 내가 매일 참석했던 예배들 속에 하나님의 은혜와 사랑이 얼마나 가득했는지를 알게 되었다. 평범하게 드리던 예배들 가운데 내가 알지 못했던 하나님의 큰 사랑이 보이지 않게 나를 지켜주고 있었던 것을 깨닫게 되었다. 강단에서 선포되는 담임목사님의 말씀을 듣는 것 그 자체만으로도 나에게 얼마나 큰 하나님의 은혜가 임하는지 뼈저리게 깨닫게 되었다.

우리에게 아브라함처럼 문제가 생겼을 때 제일 먼저 해야 할 일은 이 문제와 상황을 내 입장에서 바라보는 것이 아니라 하나님의 시각으로 바라봐야 한다. 지금 나에게 일어난 일을 어떻게 해결하는 것이 하나님께서 원하시는 것인지 살펴봐야 한다. 문제가 생겼을 때 내 입장에서 보면 원망과 불평이 흘러나온다. 하지만 하나님의 입장에서 바라보면 감사와 찬양이 흘러나온다.

그리고 아브라함이 아내 사라를 바로에게 빼앗겼을 때 하나님은 가만히 침묵하고 있지 않으셨다. 하나님께서는 바로에게 직접 말씀하셔서 바로가 사라를 아브라함에게 돌려보내게 하셨다. 우리가 고난과 문제 가운데 있을 때 하나님께서는 누구보다 우리의 상황을 잘 알고 계신다. 그리고 우리가 생각하지 못했던 방법으로 우리를 지키시며 인도하신다. 우리는 어떤 상황에서도 신실하신 하나님을 믿고 기도하며 말씀을 따라가야 한다.

아브라함은 애굽에서 바로에게 아내 사라를 빼앗기고 난 뒤 다시 아내 사라가 돌아왔을 때 한 가지 중요한 사실을 깨달았을 것이다.

애굽의 바로 보다 하나님이 훨씬 더 큰 분이시구나.

애굽에서의 일은 아브라함에게 불행과 고난처럼 보였지만 오히려 이 사건을 통해 아브라함은 믿음의 눈이 뜨이게 되었다. 아브라함은 자신이 따르는 하나님이 애굽의 바로보다 더 크신 분이라는 사실을 알게 되었고 그런 하나님을 더욱 의지하게 되었다. 고난이 믿음의 성장으로 이어진 것이다.

　당신은 명심하라. 문제만 바라보면 원망과 불평이 나올 수밖에 없다. 하지만 문제를 뛰어넘으시는 전능하신 하나님을 바라보자. 문제 앞에 하나님께서 주시는 은혜와 뜻과 길이 분명히 있다. 원망과 불평이 아닌 믿음의 눈으로 문제를 바라보고 기도로 하나님의 은혜를 구하면서 나아가자.

1. 나에게 불행이나 고난이 찾아왔을 때 어떻게 해야 하나요?

1. 여러분이 살면서 겪은 기억나는 고난은 무엇입니까?(함께 나눠 봅시다.)

2. 아브라함이 겪은 고난은 무엇입니까?

3. 아브라함은 고난을 벗어나기 위해 무슨 선택을 했습니까?

4. 아브라함은 애굽에서 아내 사라와 자신을 지키기 위해 어떤 해결책을 내놓았나요?

5. 하지만 애굽에서의 삶은 아브라함의 생각과는 다르게 흘러갑니다. 어떻게 되었나요?

6. 오늘 아브라함이 겪은 고난을 통해 우리가 깨닫게 된 것이 있다면 무엇입니까?

2

하나님은 우리의 사랑을 확인하고 싶어 하신다!
(아브라함과 이삭)

얼마 전 만화를 봤는데 상당히 흥미로웠던 적이 있다. 남자 주인공에게 한 가지 신기한 능력이 있는데 여자들의 머리 위에 의문의 숫자를 볼 수 있었다. 그 숫자는 여자가 남자 주인공과 사랑에 빠져 연애를 하면 며칠 동안 할 수 있는지 나오는 숫자였다. 만화를 보는 내내 작가의 상상력이 돋보이는 작품이라는 생각이 들었다.

자, 그렇다면 우리도 상대방의 마음을 숫자로 볼 수 있다면 어떨까? 상대방의 마음을 숫자로 볼 수 있다면 그 사람의 사랑이 진실한 사랑인지 아닌지 확인할 수 있지 않을까?

하지만 안타깝게도 사람의 마음을 숫자로 나타낼 수는 없다. 상대방이 나를 사랑하는지 확인하기 위해서 그 사람 속을 들여다봐야 하는데 그건 불가능하다. 그래서 우리는 말로써 확인받기를 원한다.

여자친구가 남자친구에게 자주 하는 말이 있지 않은가?

"자기야! 나 사랑해?"

나도 아내와 연애를 할 때 한 번씩 아내가 "나 사랑해?"라고 물어 보면 내가 쓸 수 있는 말을 총동원해 사랑한다고 말했다. 하지만 말로 상대방의 사랑을 확인하는 것도 불가능하다. 말로는 "너만 바라보고 너만 사랑해"라고 말해도 정작 사랑하는 연인을 위해 헌신하고 섬기지 않는다면 그 사랑은 진짜 사랑이 아닌 말뿐인 사랑일 확률이 높다.

내가 아내를 처음 만난 곳은 대학교 신입생 OT 때였다. 우글거리는 남자들 속에 청아하게 서 있는 아내의 모습을 보면서 큰 호감을 느꼈다. 그리고 나는 매사에 적극적이면서 털털한 아내의 모습이 상당히 매력적으로 다가왔다. 아내에게 호감이 있던 나는 여러 이유를 핑계로 매일 아내에게 연락했다. 아내도 관심이 있었는지 내 연락을 받아주었다. 우리는 그렇게 매일 연락하고 매일 만났다. 나는 언제 인지는 모르지만 어느 순간부터 아내를 정말 좋아하게 되었다. 하루 종일 아내 얼굴만 생각났다. 하지만 한편으로 이런 생각으로 두렵기도 했다.

'나는 아내를 좋아하는데 아내도 나와 같은 마음일까?',

'혹시 나만 좋아하는 것은 아닐까?'

그래서 자신 있게 좋아한다고 고백을 하지 못했다. 학교에 입학하고 한 달 동안 아내와 함께 다녔지만 좋아한다는 말을 하기가 너무 어려웠다. 거절당했을 때의 내 모습이 너무 초라하게 느껴질 것 같아 두려웠다. 그러면서 아내는 나를 어떻게 생각하는지 아내의 속마음을 확인하고 싶었다. 하지만 내가 직접 물어보지 않는 이상 아내의 마음을 알 수 없었다. 그런데 놀랍게도 내가 초라해지지 않으면서 아내의 마음을 확인할 수 있는 길이 생겼다. 바로 4월 1일 만우절이었다. 만우절이 하루 앞으로 다가온 것이다.

나는 만우절 날 아내에게 내 속마음을 고백하기로 마음먹었다. 그리고 치밀하게 계획을 짰다. 내 계획은 이랬다. 저녁 10시쯤 돼서 아내에게 자연스럽게 연락을 해서 2시간 정도 연락하다가 12시가 되면 자연스럽게 좋아한다고 고백할 생각이었다. 뭐 싫다고 하면 만우절이라고 하면 되기에 부담도 크게 되지 않았다.

내가 문자를 보내자 아내는 여느 때와 마찬가지로 답장이 왔다. 우리는 그렇게 2시간 동안 이런저런 이야기를 했다. 하지만 나는 2시간 뒤가 만우절이라는 이야기를 전혀 하지 않았다. 왜냐하면, 2시간이 지나면 아내에게 깜짝 고백을 해야 했기 때문이다. 점점 시간은 지나고 12시가 되었다. 나는 아내에게 진심으로 고백했다.

나: 나 좋아하는 사람이 생겼어!

아내: (당황) 그래? 누군데?

나: 나 너 좋아해.

여기까지 문자를 보내자 심장이 미칠 듯이 두근거렸다.

과연 아내는 무슨 말을 할까?···

아내의 문자를 기다리는 시간이 너무 길게 느껴졌다. 몇 분 뒤 문자가 왔다.

과연 아내는 뭐라고 대답했을까?

아내: 나도 …

아내는 "나 너 좋아해"라는 내 문자에 "나도"라고 답해줬다. 드디어 나는 아내의 속마음을 알게 되었다. 너무 기뻤다. 그런데 그 순간 나는 바보 같은 짓을 했다. 나는 아내에게 이렇게 문자를 보냈다.

나: 야! 오늘 만우절이야! 하하하!
아내: 바보! …

그렇다. 나는 바보였다. 아내는 나에게 속마음을 내비쳤지만 나는 그렇게 하지 못했다. 그리고 다음날이 되었을 때 아내가 나에게 충격적인 말을 했다.

아내: 어제 OO한테 연락 왔었어. …
　　　할 말 있다고 잠깐 만나자고 해서 나갔는데 …
나: 아 … 그래? 뭐라고 말했어?
아내: 나를 좋아한다고 하더라고 … 사귀자고 하더라 …
나:(충격) 아? …. 그랬구나. … 그래서 뭐라고 했어? …
아내: 나는 좋아하는 사람이 있다고 했지… 그래서 미안하다고 했어. …
나: (안도하며) 아 … 그랬구나. …

나는 아내 이야기를 듣고 충격을 받았다. 아내는 내가 잊고 있었던 사실을 깨닫게 해주었다. 우리 과에 남자가 66명 여자가 4명이라는 사실을 … 그리고 만우절 새벽에 나처럼 아내에게 좋아한다고 문자가 온 남자들이 꽤 많이 있었다. 다 나처럼 같은 생각이었을 것이다. 나는 이대로 있을 수 없었다. 아내에게 할 말이 있다고 말하고 빈 강의실로 들어갔다. 그리고 "너를 좋아해. 나랑 사귀자"라고 말하려고 했다. 하지만 그 말이 좀처럼 떨어지지 않았다. 아내는 그런 내 모습을 보며 답답해했다. 그러고는 내게 이렇게 말했다.

아내: (답답해 하며) 오빠. 내가 먼저 말할까?
나: (당황하며) 아니! 이것만큼은 남자가 먼저 말해야지.
  나랑 사귀자 좋아해!
아내: 그래. 나도 좋아해.

이것이 아내와 나의 잊을 수 없는 만우절 연애 고백이다.

내가 당신에게 내 만우절 연애 고백 이야기를 하는 이유가 있다. 연인들은 상대방으로부터 자신을 향한 사랑을 항상 확인받고 싶어 한다. 내 연인이 나를 정말 사랑하고 있는지 궁금해한다. 만약 내 연인이 어느 순간부터 나에게 연락을 뜸하게 하거나 내 전화를 잘 받지 않거나 바쁘다는 이유로 만나 주지 않는다면 상대방이 나를 정말 사랑하는지 의심하게 될 것이다. 그리고 이것은 하나님과 나와의 관계에서도 마찬가지이다.

우리가 사랑하는 사람의 마음을 끊임없이 확인하고 싶어 하는 것처럼 하나님께서도 우리의 사랑을 끊임없이 확인하고 싶어 하신다. 하나님께서는 우리의 사랑이 진심인지 아닌지를 알고 싶어 하신다. 나는 당신에게 묻고 싶다.

그렇다면 하나님을 향한 당신의 사랑은 진심인가?

당신은 정말 하나님을 어떤 상황에서든 사랑하고 있는가?

1. 아브라함에게 아들 이삭을 바치라고 말씀하신 하나님

그 일 후에 하나님이 아브라함을 시험하시려고 그를 부르시되 아브라함아 하시니 그가 이르되 내가 여기 있나이다 여호와께서 이르시되 네 아들 네 사랑하는 독자 이삭을 데리고 모리아 땅으로 가서 내가 네게 일러준 한 산 거기서 그를 번제로 드리라 아브라함이 아침에 일찍이 일어나 나귀에 안장을 지우고 두 종과 그의 아들 이삭을 데리고 번제에 쓸 나무를 쪼개어 가지고 떠나 하나님이 자기에게 일러주신 곳으로 가더니 제삼일에 아브라함이 눈을 들어 그곳을 멀리 바라본지라 이에 아브라함이 종들에게 이르되 너희는 나귀와 함께 여기서 기다리라 내가 아이와 함께 저기 가서 예배하고 우리가 너희에게로 돌아오리라 하고(창 22:1-5).

하나님께서 아브라함을 부르셔서 한 가지 명령을 내리셨다. 그 명령은 아브라함의 아들 이삭을 모리아 땅으로 데리고 가서 번제를 드리라는 것이었다. 하지만 하나님의 이 명령은 아브라함에게 너무나 가혹한 말씀이었다. 왜냐하면, 아브라함에게 아들 이삭은 그토록 기다리고 기다리던 100년 만에 낳은 약속의 아들이었기 때문이다.

그렇다면 왜 하나님께서는 아브라함에게 아들 이삭을 바치라는 엄청난 명령을 말씀하셨던 것일까?

하나님께서 아브라함을 부르시고 아들 이삭을 번제로 드리라고 말씀하셨던 이유는 바로 아브라함의 사랑을 시험하기 위함이셨다. 하나님께서 아브라함에게 아들 이삭을 바치라고 말씀하신 이유는 이렇게 물어보시는 것이었다.

"아브라함아, 네가 가장 소중한 것까지 하나님께 바칠 수 있을 정도로 하나님을 사랑하며 하나님의 말씀에 순종할 수 있느냐?"

하나님께서는 오늘도 우리에게 물어보신다.

하나님: 너는 나를 사랑하느냐?
나: 네. 저는 하나님을 너무 사랑합니다.
하나님: 그렇다면 너는 너의 가장 소중한 것을 내려놓으면서까지 나를 사랑할 수 있느냐?
나: 네? … 아 … 그건 좀 힘들 것 같은데 다른 방법은 없나요?
하나님: ….

하나님께서 이 시험을 통해 아브라함에게 원하셨던 것은 하나님을 향한 아브라함의 진실한 사랑과 마음이었다. 오늘도 하나님께서는 우리에게 진실한 사랑을 원하신다. 99퍼센트의 사랑이 아닌 100퍼센트의 사랑을 원하신다.

자, 그렇다면 하나님께서 아브라함에게 아들 이삭을 바치라고 하셨을 때 아브라함은 어떻게 반응했을까?

아브라함은 하나님께 아무런 말도 하지 않는다. 그리고 묵묵히 번제에 쓸 나무를 준비하고 이삭과 함께 길을 나선다. 그렇게 길을 나선지 며칠이 지나고 드디어 하나님께서 가라고 하신 번제 장소가 보이기 시작한다. 그러자 그때 아브라함은 함께 왔던 종들에게 이렇게 말한다.

> 너희는 나귀와 함께 여기서 기다리거라. 내가 이삭과 함께 가서 하나님께 예배드리고 너희에게 다시 돌아올 것이다.

그런데 뭔가 이상하지 않은가?

아브라함은 분명히 하나님의 말씀에 순종해서 아들 이삭을 번제로 바치려고 길을 떠났다. 그런데 아브라함이 종들에게는 이삭과 함께 돌아오겠다고 말하고 있는 것이다.

그렇다면 왜 아브라함은 종들에게 이삭과 함께 돌아오겠다고 말했던 것일까?

혹시 아브라함은 이렇게 생각했던 것이 아닐까?

"하나님께서 이삭을 번제 제물로 바치라고 하셨지만 실제로 이삭을 번제물로 바치게 하진 않으실 거야. 분명히 이삭 대신 다른 번제물을 준비하셨을 거야!"

하지만 아브라함은 하나님께서 가라고 하신 번제 장소에 도착하자마자 제단을 쌓고 나무를 벌여놓고 아들 이삭을 결박해서 손을 내밀어 칼을 잡고 아들을 죽이려고 했다. 그렇다면 여전히 우리에게 풀리지 않는 의문이 있다.

아브라함은 도대체 왜 종들에게 이삭과 함께 돌아오겠다고 했던 것일까?

아브라함의 믿음에 대한 놀라운 비밀이 여기에 숨겨져 있다.

> 그가 하나님이 능히 이삭을 죽은 자 가운데서 다시 살리실 줄로 생각한지라 비유컨대 그를 죽은 자 가운데서 도로 받은 것이니라(히 11:19).

하나님께서 아브라함에게 아들 이삭을 바치라고 했을 때 아브라함이 아무 말 없이 묵묵히 순종했던 이유, 종들에게 우리가 돌아오겠다고 한 이유는 바로 이것이었다. 그것은 아브라함이 이삭을 죽여도 하나님께서 이삭을 다시 살려내실 것을 믿었던 것이다.

얼마나 놀라운 믿음인가?

이 믿음은 하나님을 향한 절대적인 믿음이 없이는 불가능한 행동이었다.

그리고 하나님께서 그런 아브라함에게 이렇게 말씀하셨다.

> 네가 네 아들 네 독자까지도 내게 아끼지 아니하였으니 이제야 네가 하나님을 경외하는 줄 아노라(창 22:12).

2. 하나님께서 당신의 마음을 확인하기 원하신다

하나님께서 아브라함에게 말씀하셨던 것처럼 오늘 우리에게도 이렇게 말씀하신다.

너는 나를 위해 너의 가장 소중한 것까지 내려놓을 수 있겠니?

만약 하나님께서 나에게 이렇게 물어보신다면 나는 이렇게 대답할 것이다.

하나님. 저에게 가장 소중한 분은 하나님이십니다. 그 어떤 것도 하나님보다 앞설 수 없습니다. 제 삶을 통해 하나님 영광을 받아주시고. 부족한 저를 인도하여 주세요.

당신은 어떤가?
당신은 하나님을 사랑한다고 고백하지만, 아직까지 내려놓지 못하고 있는 것들이 많이 있지 않은가?
만약 하나님을 향한 당신의 마음이 진실하다면 반드시 당신의 언어 속에 당신의 행동 속에 그 마음이 드러나게 되어있다. 하나님을 사랑하면 반드시 그 사랑이 내 삶 속에서 자연스럽게 드러나게 되어있다.
예전에 학생 한 명이 나에게 찾아와서 이렇게 말했다.

학생: 목사님. 저 이번 주에 주일 예배 참석 못 할 수도 있었는데 참석 합니다.

나: 왜 무슨 일 있어?

학생: 네, 제가 학교에서 농구 동아리 주장인데 이번에 대구시에서 클럽 농구 대회를 하거든요. 주일에도 경기가 있어서 제가 참석을 해야 하는데 체육 선생님께 못 간다고 말씀드렸어요.

나: 와~ 멋지네. 너 농구 엄청 좋아하잖아. 못 간다고 하니까 체육 선생님이 뭐라고 하셨어?

학생: 네. 당연히 와야 한다고 말씀하시더라구요. 교회 한 주 빠져도 괜찮다고 하시면서 주장인 제가 빠지면 어떻게 하냐고 말씀하셨어요. 그리고 제 주변에 있는 교회 다니는 친구들도 예배 빠지고 농구 대회 나가는데 저만 교회 간다고 못 간다고 하니 좀 분위기가 이상하기도 했어요.

나: 그랬구나. … 무엇보다 네가 많이 아쉽겠네. 너 대회 꼭 나가고 싶어 했었잖아.

학생: 네. 그렇긴 한데 괜찮습니다. 농구는 언제든지 하면 되니까요.

나: 그래 멋진 선택했다. 하나님께서 네 선택을 보시고 흡족해하실 거다.

학생: 네 목사님!

농구를 좋아하는 고등학생이 주일에 예배를 드리기 위해 농구 대회 나가는 것을 포기했다. 체육 선생님은 교회 빠져도 된다고 농구 경기에 나오라고 말했지만 이 친구는 뜻을 굽히지 않았다. 그리고 놀라운 사실은 이 친구는 불신자 가정에서 나오는 친구였다. 그런데도 자기가 좋아하는 농구와 예배 사이에서 하나님을 사랑함으로 예배를 선택했던 것이다.

이 친구의 모습 속에서 하나님을 사랑하는 모습이 자연스럽게 흘러나오고 있지 않은가?

나도 하나님을 위해 내가 가장 아끼고 소중하게 생각하는 것을 내려놓은 것이 있다. 바로 게임이다. 나는 게임을 좋아했었다. 게임은 늘 나와 함께 했었다. 내 인생에 게임 없이 산다는 것은 있을 수 없는 일이었다. 하지만 예수님을 인격적으로 만난 후 게임에 중독되어 게임을 우상처럼 섬기고 있는 나를 발견하게 되었다. 게임 때문에 분노하며 욕하며 화를 쏟아 내는 내 모습이 마귀가 노리고 있는 치명적 전략이라는 것을 알게 되었다.

처음에는 게임과 신앙을 둘 다 잡고 가고 싶었다. 하지만 게임에 빠지면 어느 순간부터 말씀과 기도가 끊어졌다. 내 안에 하나님을 향한 사랑이 없어지고 분노와 쾌락만이 남아 있었다. 그래서 단단히 마음을 먹고 게임을 끊기로 결정했다. 그리고 게임을 끊기 위해 많은 노력을 했다.

게임을 컴퓨터에서 다 삭제해버리기도 했고 심지어 게임기를 망치로 부숴 버리기도 했다. 하지만 어느 순간 또 게임을 깔고 있는 나를 발견할 수 있었다. 나는 게임을 끊는 과정이 많이 힘들었다. 그만큼 게임이 내 삶에 깊게 스며들어 있었다. 이스라엘 백성이 바알을 끊지 못했던 것처럼 나도 게임을 끊어버리지 못했다. 게임을 삭제하고 게임기를 부숴버리는 순간에도 내 마음속에는 이런 걱정이 있었다.

게임이 없으면 내 삶에 즐거움이 있을까?

그렇다면 지금 게임에서 멀어진 나는 어떨까?

너무 행복하다. 더 이상 게임으로 분노를 쏟아 낼 필요도, 욕을 할 필요도 없다. 하나님께 나아 가는 데 걸림돌을 치워 버리니 내 영혼이 너무 행복하다. 그렇다고 게임 자체를 하지 말라는 말은 아니다. 어느 정도의 시간을 내서 게임을 할 수 있다. 다만 폭력적인 게임, 음란한 게임, 마귀 형상이 나오는 게임은 내 영혼과 하나님을 위해서 하지 않는 것이 맞다고 생각한다.

나는 마지막으로 당신에게 묻고 싶다.

만약 하나님을 위해서 당신의 소중한 것을 내려놓아야 하는 상황이 온다면 당신은 어떤 선택을 할 것인가?

하나님을 사랑하는 사람들은 하나님 때문에 자기 정욕과 탐욕까지 내려놓는 사람들이다. 하나님을 사랑하는 사람들은 나의 가장 소중한 것까지 기쁨과 감사함으로 내려놓으며 하나님을 따라가는 사람들이다. 당신이 그런 사람이 되기를 축복한다.

생각하기

1. 여러분이 가장 아끼고 소중하게 생각하는 것은 무엇입니까?
   (함께 나눠 봅시다.)

2. 하나님께서 아브라함을 시험하십니다. 시험의 내용은 무엇입니까?

3. 하나님께서 아브라함을 시험하셨던 이유가 무엇입니까?

4. 아브라함이 함께 갔던 종들에게 했던 말과 그 이유는 무엇입니까?

5. 아브라함은 아들 이삭을 하나님께서 다시 살리실 것이라고 확신했습니다. 그 이유는 무엇입니까?

6. 여러분이 가장 소중하게 생각하는 것까지 하나님께 드릴 수 있나요? 아직 내려놓지 못하고 있는 것이 있다면 무엇인지 함께 나누고 서로 기도합시다.

3

당신의 호칭은 크리스천입니까?
(요셉과 보디발의 아내)

얼마 전 고등부에서 새로운 친구들을 초청하는 날이 있었다. 코로나임에도 30명이 넘는 새 친구들이 고등부 예배에 참석했다. 고등부에서는 새 친구들이 교회에 오면 새 친구들을 위해 환영하는 시간을 가졌다. 그날도 여느 때와 마찬가지로 새 친구들을 자리에 일으켜 세워서 기존의 학생들과 함께 두 팔을 벌리고 축복 송을 불러주었다. 그렇게 예배가 끝나고 나는 입구 앞에서 집에 가는 아이들과 인사를 하고 있었다.

그때 여학생 2명이 나에게 오더니 이렇게 말했다.

여학생 1: 목사님! 아까 목사님께서 새 친구 이름 부르셨을 때 김인직 이름 기억나세요?

나: 김인직? 음 … 아! 그래! 기억나. 목사님이 아까 김인직 이름을 불렀었지. 왜? 아는 친구야?

여학생 2: 아 … 목사님. 아까 일어났던 친구 이름 김인직 아니에요.…

나: 엉? 아니라고?(당황)

여학생 1: 네. 목사님 그 친구 저랑 같은 중학교 나왔는데 다른 이름이에요.

여학생 2: 목사님. 혹시 김인직 누군지 모르세요?(답답해하면서…)

나: 김인직? 김인직이 누군데?

여학생 1: 목사님. 유튜브에서 감스트란 유명한 유튜버가 있는데요.

나: 잠깐! 감스트? 목사님이 감스트를 모르겠냐? 너무 잘 알지!(자신감 가득!)

여학생 2: 목사님 … 감스트 실명이 김인직이에요.

나: 엉? … 헐 … 그랬구나.(허탈…)

새로 온 친구 한 명이 새 신자 카드에 자기 이름을 적지 않고 감스트의 실명을 적어놓은 것이다. 나는 감스트는 알았지만, 김인직은 알지 못했기에 그 학생이 자기 이름을 속이고 있는지 전혀 알 수 없었다. 다행히 두 여학생의 제보로 그 친구의 이름이 김인직이 아니라는 사실을 알게 되었다. 나는 왜 그 친구가 자기 이름을 김인직이라고 적었는지 궁금했다. 그래서 김인직이라고 이름을 적은 친구에게 연락을 했다. 하지만 아직 답장이 없다. …

청소년을 지도하는 목사라면 감스트 정도는 알고 있어야 한다. 감스트는 대한민국에서 최고로 잘나가는 유튜버 중 한 명이다. 감스트 채널을 구독하는 사람만 200만 명이 넘는다. 대구시 인구 전체가 약 240만 명인 것을 감안한다면 감스트의 구독자 수가 엄청나다는 것을 알 수 있다. 감스트의 영상을 보면 100만 조회 수를 기록한 영상이 한두 개가 아니다. 거의 모든 영상이 100만이 넘는 조회 수를 기록하고 있다. 즉 감스트가 영상 하나를 올릴 때마다 전국에 100만 명이 넘는 사람이 감스트가 올린 영상을 보는 것이다.

감스트의 영상을 보는 연령층이 대부분 10대, 20대이기 때문에 청소년 사이에서 감스트를 모르면 학생들과 대화를 할 수 없다. 그런데 중요한 건 나는 감스트만 알고 있었지 김인직은 몰랐던 것이다. 당연히 그럴 수밖에 없었다. 김인직이란 이름보다 감스트라는 이름이 훨씬 더 널리 알려져 있었기 때문이다. 내가 당신에게 감스트 이야기를 하면서 하고 싶은 말이 한 가지 있다.

김인직에게 감스트라는 호칭이 있는 것처럼 당신에게만 불리는 호칭이 있는가?

1. 저는 목사가 맞아요!

나는 15년 동안 청소년 사역을 하면서 유달리 남학생들에게 인기가 많았다. 이유는 하나다. 내 몸이 커서다. 나는 오랫동안 헬스를 해왔다. 고2 때 처음으로 헬스장을 갔는데 그때부터 꾸준히 헬스를 했다. 원래 멸치였던 내가 운동을 꾸준히 하니 어느 순간부터 아무나 가질 수 없는 거대한 몸이 되었다.

한때는 헬스 목사가 되는 것이 꿈이기도 해서 실제로 보디빌더 준비를 하기도 했다. 그런데 헬스를 하면서 몸이 커지고 난 후 한 가지 심각한 문제가 생겼다. 사람들이 많은 길거리를 지나갈 때면 거의 모든 남자들이 힐끗거리며 나를 쳐다보는 것이다. 어떤 때는 대놓고 쳐다보기도 한다.

그래서 나는 여름이 되면 몸에 달라붙는 티셔츠보다 헐렁한 티셔츠를 선호한다. 아마 내 입장이 돼보면 이해할 것이다. 남자들의 시선을 한 몸에 받는 그 느낌을 말이다. 직접 경험하지 않고서는 알기 어렵다. 아내와 함께 쇼핑하러 가거나 마트에 가거나 시내를 가면 아내가 나에게 자주 하는 말이 있다.

> 아내: 여보! 저기 남자들이 당신 쳐다보면서 가고 있어요.
>
> 나: 그래?
>
> 아내: 여보! 저기 남자애들이 당신 크다면서 이야기하고 있어요!
>
> 나: 그래 … 나도 다 들려 … 쪽팔리니까 빨리 가자!

그렇게 나는 내 의지와 상관없이 운동으로 인해 거대해진 몸으로 많은 남자의 관심과 인기를 받게 되었다(참고로 오해하지 말자. 남자들은 운동을 해서 몸을 아름답게 가꾸는 남자들을 보면서 부러움을 느낀다. 남자로서 멋지다고 생각한다).

한 번은 청소년연합수련회에 갔던 적이 있다. 그때 나는 어디를 가나 모든 시선이 나를 향해 있다는 것을 느꼈다. 그때 나는 보디빌더 준비를 하느라 한창 운동을 많이 할 때라서 어떤 옷을 입어도 쫄티가 되어버렸다. 아이들과 함께 집회에 가거나 밥을 먹을 때면 거의 모든 시선이 나에게 향했다. 동물원에 구경나온 것 마냥 사람들이 신기한 눈빛으로 나를 보면서 서로 소곤거리며 이야기했다.

아이 1: 야! 저분 몸 봐! 어떻게 저렇게 몸이 클 수 있지?

아이 2: 와 완전 황철순이야! (그 정도까진 전혀 아닌데 …)

교사 1: 와~ 옷 터지겠다 …

교사 2: 뭐 하는 분이지? 운동선수인가?

그렇게 2박 3일의 수련회 기간 많은 청소년의 시선을 받았다. 그리고 마지막 날 저녁 집회를 할 때였다. 설교 말씀이 끝나고 아이들과 열심히 앞에서 기도하고 있는데 처음 보는 두 명의 남학생이 내 옆자리에 오더니 나에게 이렇게 말했다.

남학생들: 저, 선생님 안녕하세요. 부탁이 있는데요.

나: 응? 무슨 부탁?

남학생들: 저, 혹시 근육 한 번만 만져봐도 되나요?

나: (당황함) 아~ 근육 … (팔에 힘을 주며) 빨리 만져보고 가서 은혜받자!

남학생들: 네! (신기한 듯 근육을 만진다) 선생님, 정말 멋있어요.

나: (당황함) 그래그래. 빨리 기도하러 가렴.

남학생들: (90도 인사 후) 감사합니다.

그때가 집회 마지막 기도회였는데 얼마나 당황했던지! …

그 뒤로는 연합수련회를 가지 않고 있다.

운동으로 인해 커진 몸으로 내가 제일 많이 받는 오해는 사람들이 나를 운동선수나 또는 헬스 트레이너로 착각하는 것이다. 나는 그럴 때마다 손사래를 치며 목사라고 말한다. 그러면 목사라는 말에 사람들은 또 한 번 놀란다.

왜냐하면, 내 거대한 몸을 보면 절대로 나를 목사라고 생각하지 못했기 때문이다. 내가 당신에게 거대해진 내 몸을 이야기하는 이유가 있다. 내 몸이 아무리 운동선수나 헬스 트레이너처럼 보여도 내가 목사라는 사실에는 변함이 없다는 것이다. 나는 교회에서만 목사가 아니라 어디에서든 목사다. 차를 타고 갈 때도 헬스장에서 열심히 운동할 때도 학교 앞에 학생들을 만나러 갈 때도 나는 목사다. 그리고 목사는 내가 스스로 그만두지 않는 한 앞으로 평생 달고 다녀야 할 나만의 이름표이다.

이 글을 읽는 당신에게도 당신만의 호칭이 있다. 당신은 바로 청소년이다. 당신은 성인이 될 때까지 청소년이라는 호칭에서 벗어날 수 없다. 아무리 당신의 얼굴이 삭았어도(?) 아무리 당신이 화장을 예쁘게 해서 성숙해 보일지라도, 당신이 성인이 되지 않는 한 청소년이라는 호칭에서 벗어날 수 없다.

내가 호칭 이야기를 하면서 당신에게 하고 싶은 말이 있다. 김인직에게도 감스트라는 호칭이 있는 것처럼 나에게도 목사라는 호칭이 있는 것처럼 당신에게도 청소년이라는 호칭이 있는 것처럼 예수를 믿는 사람들에게만 따라다니는 호칭이 있다.

그것은 과연 무엇일까?

바로 크리스천이다. 예수를 믿는 당신은 크리스천이다. 당신이 학교든, 학원이든, 집이든, 피시방이든, 코인 노래방이든 어디에 있든지 간에 당신이 크리스천이라는 사실에는 변함이 없다. 즉, 예수님을 믿는 우리 모두는 크리스천이다. 크리스천의 뜻은 예수님을 따르는 사람이라는 뜻으로 예수님을 나의 왕으로 믿고 따르는 사람들이다.

크리스천은 앞으로 당신과 나에게 평생 따라다닐 호칭이다. 이제 나는 당신에게 묻고 싶다.

그렇다면 당신은 평생 당신에게 따라다닐 크리스천이라는 호칭에 부끄럽지 않은 삶을 살아가고 있는가?

크리스천 호칭을 듣는 사람들은 정확히 어떤 사람들을 가리키는 것일까?

2. 크리스천은 언제나 '하나님 앞에서' 임을 명심하자!

> 그 후에 그의 주인의 아내가 요셉에게 눈짓하다가 동침하기를 청하니 요셉이 거절하며 자기 주인의 아내에게 이르되 내 주인이 집안의 모든 소유를 간섭하지 아니하고 다 내 손에 위탁하였으니 이 집에는 나보다 큰 이가 없으며 주인이 아무 것도 내게 금하지 아니하였어도 금한 것은 당신뿐이니 당신은 그의 아내임이라 그런즉 내가 어찌 이 큰 악을 행하여 하나님께 죄를 지으리이까(창 39:7-9).

요셉은 야곱의 11번째 아들로 야곱에게 특별한 사랑을 받는 아들이었다. 하지만 아버지 야곱의 특별한 사랑으로 인해 요셉은 배다른 10명의 형들에게 미움과 질투를 받게 되었다. 결국 시기와 질투에

잠식된 형들은 요셉을 노예로 팔아버렸다.

요셉은 노예가 되어 바로의 친위 대장이었던 보디발의 집에 팔려 갔다. 요셉은 노예로 팔려 왔지만 요셉은 혼자가 아니었다. 하나님께서 요셉과 함께하셨고 요셉을 통해 보디발의 온 집에 축복하셨다. 보디발은 그 모습을 보았고 요셉을 자기 집에 이인자로 세워 모든 것을 관리하게 했다. 요셉이 노예로 잡혀 올 때까지만 해도 암울한 상황 그 자체였는데 이제 인간답게 살 수 있는 길이 열린 것이다.

하지만 그런 요셉을 눈독 들인 사람이 있었는데 바로 보디발의 아내였다. 보디발의 아내는 젊고 용모가 아름다우며 능력까지 있는 요셉에게 반해 버렸다. 요셉에게 반한 보디발의 아내는 그 뒤부터 요셉에게 끊임없이 동침하자고 유혹했다. 그러나 요셉은 보디발 아내의 유혹을 한사코 거부했다.

그렇다면 요셉이 그녀의 유혹을 거부했던 이유가 무엇인가?

요셉이 그녀의 유혹을 한사코 거부했던 이유는 바로 하나님 앞에서 죄를 지을 수 없었기 때문이다. 그녀는 보디발의 아내였다. 즉 자기 아내가 아니라 자신이 섬기던 주인의 아내였다. 아무리 그녀가 아름다워도 요셉은 그녀의 유혹에 넘어갈 수 없었다. 왜냐하면, 다른 남자의 아내와 동침하는 것은 하나님 앞에 간음죄를 저지르는 큰 죄악이었기 때문이다. 그리고 그녀와의 동침은 노예로 팔려 온 자신을 믿어주며 자신에게 모든 일을 맡긴 보디발을 배반하는 일이었기 때문에 요셉은 절대로 그렇게 할 수 없었다.

그렇다. 요셉은 언제나 '하나님 앞에서'라는 신앙을 가지고 있었다. 그래서 요셉은 보디발의 아내의 유혹에도 이겨낼 수 있었다.

자, 그렇다면 크리스천은 어떤 사람들인가?

나는 당신에게 이렇게 말하고 싶다. 크리스천은 요셉처럼 '하나님 앞에서'라는 신앙을 가지고 살아가는 사람들이라고 말이다.

당신은 '하나님 앞에서' 살아가고 있는가?

얼마 전 여학생 한 명이 나에게 이런 질문을 했다.

학생: 목사님, 저 이번에 목사님 쓰신 책 읽고 궁금한 게 있어요.

나: (반가워하며) 오 그래? 뭐가 궁금해?

학생: 목사님, 나중에 20살 되면 남자친구랑 둘이서 여행 가도 돼요?

나: 둘이서? 흠 … 뭐 성인이 된다면 당일치기로 여행을 갔다 와도 되겠지?

학생: 아 … 목사님 당일치기 말고요. 1박 2일이요.

나: (당황) 응? 1박 2일?

학생: 네! 1박 2일로 호텔에서 자고 오는 거예요.

나: (급당황) 그래? 성인이 돼서 만약 남자친구랑 둘이서 1박 2일로 여행을 다녀온다고 하자. 그럼 둘이서 아무 일도 없이 돌아올 수 있을까? 목사님 생각엔 힘들 것 같아. 유혹 받는 자리는 아예 피하는 게 맞다고 생각해. 그런데도 너무 여행을 가고 싶다면 친구들과 함께 다 같이 당일치기로 여행을 다녀오면 좋을 것 같아.

학생: 아! 네. 목사님. 감사합니다.

우리는 세상을 살아가면서 많은 유혹을 받는다.

그럼에도 그런 유혹들을 이겨내야 하는 이유가 무엇일까?

왜냐하면, 우리는 언제나 어디에서나 하나님 앞에서 살아가는 크리스천이기 때문이다. 만약 당신이 애인과 1박 2일 여행 다녀오는 것을 하지 않는 이유가 유혹에 넘어가지 않기 위해서라고 말한다면 세상은 당신을 비웃고 조롱할 것이다. 한 번 사는 인생 왜 그렇게까지 사냐고 말할지도 모른다. 세상은 우리에게 누릴 수 있을 때 즐길 수 있을 때 마음껏 누리고 즐기라고 말한다.

하지만 우리는 크리스천이다. 크리스천은 유일하신 하나님을 섬기는 하나님의 백성이며 감사와 기쁨으로 하나님의 말씀을 따라가는 사람들이다. 우리가 1박 2일 동안 여행가는 것을 조심하며 그렇게 하려고 하지 않는 이유는 혹여나 여행을 갔다가 하나님께 죄를 짓지 아니하기 위함이며 내가 사랑하는 사람에게 큰 상처와 아픔을 주지 않기 위함이다. 이것이 세상의 시각에서는 전혀 이해가 되지 않는 행동일 수 있겠지만 우리는 그들과 다르다. 왜냐하면, 우리는 거룩하신 하나님을 왕으로 모시고 살아가는 사람들이기 때문이다.

크리스천도 늘 죄의 유혹을 받는다. 우리는 구원받았음에도 예수님을 믿음에도 여전히 우리에게 죄가 얼마나 쾌락적이며 자극적이며 즐거움을 선사하는지 알고 있다. 그래서 죄의 유혹이 올 때 때로는 죄에 넘어지기도 하며 죄를 즐기기도 한다.

하지만 우리는 명심해야 한다. 크리스천은 더 이상 세상의 시각으로 바라보고 판단하는 사람들이 아니라는 것을. 크리스천은 철저하게 하나님의 시각에서 바라보고 판단하는 사람들이라는 것을 명심 또 명심해야 한다.

나는 고등부에서 제자훈련을 하면서 학생들에게 자주 하는 말이 있다.

> 나: 얘들아, 우리는 어디에서나 하나님 앞에서 살아가는 백성임을 기억해야 해! 너희가 밥을 먹을 때도 길을 걸어갈 때도 공부할 때도 운동할 때도 하나님께서 너희와 함께하신다는 것을 잊지 말자! 언제나 하나님을 의식하자. 하나님께서 우리와 함께하신다.
>
> 학생들: 네, 목사님!

나는 당신이 언제나 하나님을 의식하는 사람이 되길 바란다. 하나님을 너무 사랑해서 하나님 때문에 죄의 유혹에도 흔들리지 않고 싸워나가는 당신이 되길 바란다. 그래서 요셉처럼 하나님께 귀하게 쓰임 받는 당신이 되길 바란다. 하나님께서는 "저는 하나님 앞에서 그럴 수 없습니다"라고 고백하는 사람을 지금도 찾고 계시다는 것을 잊지 말자.

3. 당신의 호칭은 크리스천입니까?

1. 자기만이 가지고 있는 특별한 호칭이 있나요? 있다면 무엇입니까?
   (함께 나눠 봅시다.)

2. 요셉이 노예로 팔려갔던 이유는 무엇입니까?

3. 요셉이 보디발의 집에서 가정 총무가 되었을 때 큰 유혹을 받습니다. 어떤 유혹을 받았습니까?

4. 요셉이 유혹을 이겨낼 수 있었던 이유는 무엇입니까?

5. 현재 자기가 받고 있는 유혹은 무엇입니까?

6. 유혹을 어떻게 하면 이겨낼 수 있을까요?

목사님!
세상은 크리스쳔이 살기에 너무 불공평합니다
(요셉의 고백)

나는 태어나서 해외를 나간 적이 딱 두 번 있다. 두 번 다 관광을 목적으로 간 여행이 아니라 선교를 목적으로 여행을 갔다. 베트남과 중국을 갔다 왔는데 두 나라 중 베트남이 기억에 많이 남는다. 당시 베트남 전역을 돌아 다니며 소수민족들을 찾아가서 만나서 함께 기도하며 찬양을 했다. 공산국가였기에 예배를 드릴 수 없었고 선교팀 옆에는 공안(경찰)이 늘 따라다녔다. 공안(경찰)은 우리가 예배를 드리지 못하게 철저하게 감시했다.

베트남 전역을 돌아다니며 소수민족을 만나러 다니는 것은 쉽지 않은 일이었다. 하루에 몇 시간씩 버스를 타고 다녀야 했기 때문이다. 그 당시 베트남은 우리나라처럼 도로가 잘 되어 있지 않았기 때문에 오랜 시간 차 안에 앉아 있는 게 많이 힘들었다. 그런 우리를 선교사님이 측은히 여기셨는지 어디론가 데려가셨다.

선교사님이 데려가신 곳에는 엄청나게 거대한 코끼리가 있었다. 그곳은 바로 코끼리를 탈 수 있는 관광 코스였던 것이다. 그리고 나는 그곳에서 태어나서 처음으로 코끼리를 타게 되었다. 코끼리를 눈 앞에서 보자 멀리서 보는 것보다 훨씬 더 거대해 보였다. 거대한 코끼리 등에 내가 탄다고 생각하니 갑자기 가슴이 설레면서 두려움이 살짝 들었다. 무엇보다 코끼리 등에 타면 어떤 느낌일지 상당히 궁금했다. 하지만 막상 코끼리 등에 타니 너무 불편했다. 코끼리 등 위에 설치된 의자는 그 당시 100킬로그램이었던 내가 앉기엔 너무 좁고 불편했다.

그렇게 코끼리를 타고 온 후 선교팀의 다른 사람들을 기다리고 있었다. 그런데 나는 그곳에서 아주 흥미로운 장면을 보게 되었다. 거대한 코끼리 두 마리가 조그마한 말뚝에 걸린 사슬에 묶여 있었다. 나는 그 장면을 보면서 예전에 책에서 읽었던 글이 생각났다. 코끼리는 기억력이 상당히 좋은 동물인데 그 기억력을 이용해 어릴 때부터 훈련을 시킨다는 내용이었다. 어린 코끼리 다리에 사슬을 묶어 놓으면 어린 코끼리가 사슬에서 벗어나기 위해 발버둥을 친다. 하지만 아직 어린 코끼리는 힘이 없기에 말뚝에 걸려 있는 사슬을 끊어낼 수 없다. 결국 어린 코끼리는 이렇게 생각한다.

"내가 아무리 힘을 써도 이 사슬을 끊을 수 없구나!…"

어린 코끼리는 현실에 수긍하고 더 이상 사슬을 끊어내려고 하지 않는다.

그런데 문제는 코끼리가 장성해서도 여전히 어릴 때 기억이 선명하게 남아 있어서 사슬을 끊지 않는다는 것이다. 3-5톤 정도 나가는 코끼리가 발 한 번만 들어 올리면 사슬은 끊어지게 되어 있다. 하지만 코끼리는 어릴 때 기억 때문에 그렇게 하지 않는다. 이 글이 그 순간 내 머릿속에 떠올랐다. 나는 너무 신기했다. 책에서 흥미롭게 읽었던 내용을 직접 볼 수 있었으니까 … 하지만 코끼리 2마리를 보면서 신기하다는 생각은 점점 없어지고 사슬에 묶인 코끼리의 모습이 꼭 내 모습과 겹쳐 보였다.

'나도 저 코끼리들처럼 현실에 순응하며 타협하고 있지는 않는지… 어렸을 때 꿈 많고 열정 가득했던 나였는데 … 지금은 어쩔 수 밖에 없는 현실 앞에서 타협하며 순응하며 살아가고 있지 않는지' 그런 생각이 가슴속을 가득 메웠다. 그리고 오랫동안 사슬에 묶인 코끼리의 모습이 내 머릿속을 떠나지 않았다.

당신은 사슬에 묶인 코끼리의 모습 속에서 어떤 것을 돌아보게 되는가? 나는 코끼리 사슬을 통해 당신에게 하고 싶은 이야기가 있다.

1. 목사님! 시작점이 다릅니다

학생 한 명이 나에게 이런 질문을 했다.

학생: 목사님. 궁금한 게 있습니다.

나: 그래. 말해보렴.

학생: 목사님 제가 다니는 고등학교에 친한 친구가 있습니다.

이 친구는 할아버지가 부동산 부자입니다. 엄청난 땅 부자라고 하더라고요. 이 친구는 어릴 때부터 자기가 할 수 있는 것은 다 할 수 있었다고 합니다. 이 친구는 집이 워낙 부자라서 앞으로 공부를 열심히 하지 않아도 충분히 자기가 하고 싶은 일을 하면서 살아갈 수 있습니다.

저는 이 친구를 보면서 궁금했습니다.

예수님을 믿지 않는 이 친구는 엄청 부자인데 저는 학원을 다니기도 어려워서 혼자서 공부해야 하거든요.

태어날 때부터 왜 이렇게 현실이 다른지 너무 불공평하다는 생각이 들었습니다.

목사님은 이거에 대해 어떻게 생각하시나요?

학생 한 명이 나에게 물어본 질문은 반에 부유한 친구가 있는데 자신은 어려운 형편 속에 공부하고 있는 상황이 불공평하다는 생각을 했고 이 상황을 어떻게 바라봐야 하는지 궁금해서 나에게 물어본 것이었다. 나는 그 학생의 질문을 곰곰이 생각했다. 하나님께서 이 질문에 어떻게 대답하실지 깊이 생각했다.

그리고 나는 그 학생에게 이렇게 말했다.

나: 친구야. 우리 모두는 다 태어났지만 정해진 현실은 달라.

누구는 부유한 집에서 태어날 수도 있고, 또 다른 누구는 가난한 집에서 태어날 수 있어. 그렇다고 해서 우리가 이 현실을 바꾸고 싶어도 바꿀 수 없어. 네가 말했던 것처럼 시작점이 다를 수밖에 없지.

그래서 '나는 하나님을 믿는데 왜 이렇게 힘들게 살아야 하지?'라고 생각할 수도 있어. 하지만 목사님은 너한테 한 가지 이야기를 해 주고 싶어. 우리가 태어난 현실은 바꿀 수 없지만 하나님께서 오늘 우리의 하나님이 되어주신다는 사실이야.

목사님은 네가 태어난 가정환경을 원망하며 세상에 불평하기보다 너를 창조하시고 너를 만드신 하나님을 의지하기를 바래. 하나님은 너를 태초 전부터 계획하셨고 너를 창조하셨어. 우리의 삶은 이 세상에서 부를 누리며 권력을 누리며 명예롭게 사는 것이 행복이 아니야. 하나님을 위해 살아가는 삶이 행복한 삶이지. 우리는 이 땅에서 하나님과 동행하는 것에 기쁨과 즐거움을 누리는 사람이 되어야 해. 그리고 지금 너의 어려움과 고난이 나중에는 하나님께서 너를 쓰시기 위한 하나의 과정일 수도 있어. 만약 네가 어려움을 겪지 못했다면 나중에 어려운 사람을 이해하기 힘들 거야.

오히려 이런 경험들이 나중에 너에게 피와 살이 되어서 많은 사람을 도와주고 힘쓰는데 큰 밑거름이 될 거라고 생각해. 우리는 하나님을 위해 사는 사람들이잖니. 오히려 지금 네가 처한 현실 속에서 하나님께서 나를 귀한 사람으로 사용하시기 위해 훈련하시는 것이라고 생각해 보자. 넌 하나님의 귀한 사람이고 앞으로 하나님께 아름답게 쓰임 받을 거라 확신한다. 힘내자.

그 학생이 나에게 물었던 질문은 세상은 왜 불공평한가에 대한 질문이었다. 자기 친한 친구는 부유한 집에서 태어나고 자신은 왜 가난한 집에서 태어났는지에 대한 의문이었다. 나도 예전에 그 친구처럼 똑같이 생각했던 적이 있다. 나도 어린 시절을 가난하게 살았기 때문이다. 1년마다 한 번씩 이사를 했다. 단칸방에서 엄마와 누나, 나 세 식구가 살았다. 아버지는 배를 타기 위해 외국으로 나가셨다. 그래서 그 친구의 말이 충분히 공감이 갔다. 그 친구가 했던 질문을 나도 똑같이 했었기 때문이다.

나: 엄마! 우리는 하나님을 믿죠?

어머니: 그래. 우리는 하나님을 믿고 있지.

나: 그런데 우리는 왜 이렇게 가난해요?

어머니: 음 … 우리는 가난하지 않아. 우리 하나님이 부자 시잖니. 그래서 우리는 가난한 게 아니야.

나: 엄마. 하나님이 부자면 우리 집도 부자여야 하지 않나요? 그런데 우리 집은 왜 이렇게 가난해요?

어머니: 음…

내가 아직도 어릴 때 어머니께 드렸던 질문을 기억하는 이유는 어머니께서 한 번씩 아내에게 내가 했던 질문을 들려주시기 때문이다. 그 당시 어머니께서는 내 질문을 받고 많이 당황하셨다고 말씀하셨다. 뭐라 설명해 줄 말이 떠오르지 않아서 난감하셨다고 한다.

나는 지금은 목소리가 상당히 걸걸하지만 목소리에 변성기가 오기 전에는 꾀꼬리(?) 같은 음성으로 노래를 잘 부르던 아이였다. 초등학교 4학년 때 반 선생님이 음악을 전공하셔서 동요를 참 많이 불렀다.

그 당시 나는 노래를 잘 불러서 반 아이들 앞에서 자주 노래를 부르곤 했다. 그러던 어느 날 청소 시간에 남자애 한 명이 나에게 이렇게 말했다.

친구: 맥아, 너 이번에 노래대회 나가?

나: 응? 노래 대회? 아니, 난 안 나가는데?

친구: 아 그래? 나도 나가는데 이상하네 넌 왜 안 나가지?

나: 모르겠어. 나한텐 선생님께서 아무 말씀 없으셨어.

그 친구는 내가 당연히 노래 대회를 나가는 줄 알았는데 연습하는 데 없으니까 궁금해서 물어봤던 것이다. 잠시 뒤 그 남학생이 선생님께 가서 말했다.

친구: 선생님, 맥이는 이번에 노래대회 안 나가요?

선생님: (당황한 듯) 아 … 맥이는 … 집에 참가비가 없어서 안 나간다고 해요.

친구: 네? 참가비가 얼마예요?

선생님: (당황한 듯) 참가비? 만 원이에요.

친구: 아~ 네. 알겠습니다.

나: (속으로) 선생님은 나에게 저런 말씀이 없으셨는데?… 뭐지?

나는 선생님께서 참가비가 없어서 못 나간다는 말에 집에 와서 어머니께 말씀드렸다.

나: 엄마, 오늘 선생님이 학교에서 노래대회 나가는데 우리 집은 참가비가 없어서 못 나간다고 하던데요?
엄마: (놀라심) 뭐? 노래대회? 참가비가 얼마야?
나: 응, 만 원이요.
엄마: 만 원? 만 원이 뭐 별거라고, (속상해하시며!) 선생님께 말씀드려 나갈 수 있다고!
나: 아니야, 엄마 안 나갈래.

그 당시 우리 가족은 부산 어느 한 교회 안에서 살고 있었다. 아버지가 배를 타시다가 목회의 뜻이 있는지 기도하시기 위해 1년 동안 교회 관리 집사를 하셨다. 관리 집사 사택이 교회 안에 있었기에 우리 가족은 교회 안에서 1년 동안 살게 되었다. 아버지는 1년 뒤에 뜻을 접고 다시 배를 타러 나가셨지만 나는 오랫동안 하나님은 공평하지 못한 분이라고 불평하며 원망했었다.

나도 좀 넓은 집에서 살아보고 싶은데, 부모님이 빚 때문에 힘들어하는 모습을 보고 싶지 않은데 이런 질문이 마음이 속에 늘 있었다.
'하나님은 온 세상을 만드신 분이신데 왜 공평하지 않으실까?'
그리고 나의 이런 궁금증은 오랜 시간이 흐른 뒤에 깨닫게 되었다.

2. 요셉의 고백

> 요셉이 형들에게 이르되 내게로 가까이 오소서 그들이 가까이 가니 이르되 나는 당신들의 아우 요셉이니 당신들이 애굽에 판 자라 당신들이 나를 이곳에 팔았다고 해서 근심하지 마소서 한탄하지 마소서 하나님이 생명을 구원하시려고 나를 당신들보다 먼저 보내셨나이다(창 45:4-5).

지금 우리가 읽은 말씀은 요셉이 애굽의 총리가 되어 자신을 팔아넘긴 10명의 형들을 다시 만났을 때 했던 말이다. 요셉은 참 파란만장한 인생을 살았다. 아버지 야곱의 사랑을 받았지만 오히려 그것으로 형들에게 미움을 받게 되었고 형들은 요셉을 노예로 팔아버렸다. 요셉은 노예로 팔려 간 순간부터 애굽의 총리가 될 때까지 참 쉽지 않은 인생을 살았다. 오히려 자신을 팔아넘긴 형들을 저주하며 형들을 향한 미움과 증오가 가득했어야 하는 것이 정상이었다.

하지만 요셉은 애굽의 총리가 되어 형들을 다시 만났을 때 형들을 향해 저주와 증오가 아닌 용서를 했다. 자신을 팔아넘긴 형들을 용서하는 것은 쉽지 않은 일이었을 것이다. 그런데도 요셉은 형들을 용서했다.

그렇다면 요셉이 형들을 용서할 수 있었던 이유는 무엇이었을까? 요셉이 애굽의 총리가 되어서 지난날을 되돌아봤을 때 지금까지 자신이 겪어왔던 이 과정들이 하나님의 역사하심이었음을 깨닫게 되었던 것이다. 요셉이 애굽에 노예로 팔려 가지 않았다면 그래서 갖은 고생 끝에 총리가 되지 않았다면 요셉의 가족은 흉년이 되었을 때 다 굶어죽게 되었을 것이다. 요셉의 가족뿐만 아니라 많은 사람들이 흉년으로 인해 죽게 되었을 것이다.

요셉은 바로가 꾼 꿈을 해석해 총리의 자리에 올랐을 때 자신이 지금까지 겪어온 과정들 속에 하나님의 섭리하심이 있었다는 것을 깨닫게 되었다. 그래서 요셉은 형들을 용서할 수 있었다. 하나님께서 자신을 인도하셨다는 사실을 확신했기에 형들에 대한 미움과 증오를 내려놓을 수 있었다.

나는 어린 시절 가난했다. 가난해서 매년 이사를 다닐 수밖에 없었다. 나는 가난이 싫었다. 나도 부유한 집에서 살고 싶었고 돈 걱정 없이 먹는 거 걱정 없이 살아가고 싶었다. 특히, 청소년 시절에는 학교에서 소풍을 갈 때가 제일 싫었다. 매일 학교를 다닐 때는 교복을 입고 가면 되기 때문에 옷 입을 걱정을 할 필요가 없는데 소풍을 갈 때면 입고 갈 옷이 없어서 한참을 고민하다가 누나 옷을 입고 갔던 기억이 있다.

그렇게 가난 때문에 하고 싶은 것을 하지 못하고 남의 눈치를 봐야 할 때마다 가난한 환경에서 나를 낳아준 부모님이 원망스럽기도 했다. 하지만 힘들게 사시는 부모님을 욕할 수 없었기에 눈에 보이지 않는 하나님을 많이 원망했다.

하지만 지금은 안다. 그때의 내가 있었기에 지금의 내가 있을 수 있다는 것을. 예전에 가난을 겪어봤기에 지금 가난이 무엇인지 안다. 가난하지 않았으면 가난한 사람들이 어떤 마음일지 알지 못했을 것이다. 가난하지 않았다면 돈을 얼마나 귀하게 아껴 써야 하는지 깨닫지 못했을 것이다. 오히려 그런 생활이 있었기에 하나님 앞에 사람 앞에 더욱 겸손해질 수 있었고 마음이 낮아질 수 있었다. 그리고 제일 중요한 건 가난하지 않았다면 결코 목사의 길로 가려고 하지 않았을 것이다.

우리는 현실에서 많은 어려움과 고난을 겪으며 살아간다. 그럴 때마다 내가 믿는 하나님은 도대체 어디에 계시며 무엇을 하고 계시는지 답답해하며 원망하는 마음이 들기도 한다.

현재 당신은 어떤 현실에 처해있는가?
집이 가난해서 세상의 불공평함에 하나님을 원망하거나 자신을 저주하고 있지는 않는가?
학교에서 태어나면서부터 금수저인 친구들을 보면서 좌절감을 느끼고 있지는 않는가?

나는 당신에게 권면하고 싶다. 당신이 처한 상황을 운명이라는 이름 앞에 원망하며 좌절하지 마라. 오히려 하나님께서 당신을 쓰시기 위한 과정이라고 생각하자. 하나님은 당신을 주목하고 계신다. 하나님께서는 당신을 향한 놀라운 계획을 가지고 계신다. 하나님께서는 당신을 통해 대한민국을 변화시키시며 더 나아가 세상을 변화시키길 원하신다. 지금 당신이 어렵고 힘든 상황 속에 있는 것은 하나님께서 당신을 깨끗한 도구로 쓰시기 위해 계획하고 있는 것이다.

현실을 보지 말고 현실을 뛰어넘는 위대하신 하나님을 믿고 나아가자. 당신의 시작점이 달라도 당신이 속한 곳에서 하나님을 믿고 의지하며 말씀에 순종하는 사람이 되길 바란다. 현실이 어렵고 힘들지라도 하나님께서 당신과 함께 하시기에 당신의 가장 든든한 빽이 되어주시기에 하나님만 믿고 바라보며 나아가자. 하나님의 보이지 않는 손길이 당신과 함께 할 것이다.

생각하기

1. 하나님께서 불공평하다고 생각한 적이 있습니까?(함께 나눠 봅시다.)

2. 형들이 왜 요셉을 팔려고 했나요? 여러분은 시기와 질투를 한 적은 없나요?

3. 요셉이 형들을 용서할 수 있었던 이유는 무엇일까요?

4. 과거에 자기를 힘들게 했던 것은 무엇입니까?

5. 현재 자기를 힘들게 하고 있는 것은 무엇입니까?

6. 지금 내가 겪는 고난과 어려움은 하나님께서 나를 어떻게 하시기 위한 계획함입니까?

5

목사님!
동성애는 서로 다른 건가요? 잘못된 건가요?

얼마 전 여학생 한 명을 만났다. 그 여학생은 나에게 이런 질문을 했다.

학생: 목사님! 저 궁금한 게 하나 있어요!

나: 그래. 물어보렴

학생: 네. 목사님 학교에서 애들이 저한테 기독교는 왜 동성애를 죄라고 하냐며 물어봐요. 그러면서 기독교는 왜 그렇게 이기적이냐면서 너네밖에 모르는 종교라면서 비난해요.
이럴 땐 제가 뭐라고 말해야 할까요?

나: 아~ 그랬구나. 그럼 너는 친구들에게 뭐라고 말했어?

학생: 목사님. 저는 동성애는 옳지 못한 거라고 했어요. 하지만 친구들이 계속 동성애는 서로 다른 것뿐이지 잘못된 것은 아니라고 말했어요. 애들이 저한테 기독교는 너무 이기적인 종교라고 말했어요.

나: 그래? 네가 많이 힘들었겠구나.

그럼 성경에서 동성애에 관해 뭐라고 이야기하고 있는지 알아볼까?

학생: 네 목사님!

학교에서 친구들이 왜 동성애가 죄냐고 물어보는 질문에 정확하게 대답할 수 없었던 여학생은 나에게 크리스천은 동성애를 어떻게 바라봐야 하는지 물어봤다.

당신은 어떻게 생각하는가, 동성애는 죄인가, 아니면 서로 다른 것인가?

나는 아이들에게 크리스천이 동성애를 어떤 시각으로 봐야 할지 철저하게 가르친다. 먼저 아이들에게 성경에서 동성애를 어떻게 보고 있는지 물어보면 시원하게 대답하는 친구들이 거의 없다. 오히려 동성애를 옹호하는 아이들도 있다. 미디어의 영향을 받아서 "동성애는 원래 태어날 때부터 그렇게 태어난 거라서 어쩔 수 없는 부분"이라고 생각하는 아이들도 있다.

그렇다면 성경에서는 동성애에 관해 뭐라고 말하고 있을까?

1. 동성애는 서로 다른 것인가? 아니면 잘못된 것인가?

여호와 하나님이 아담에게 취하신 그 갈빗대로 여자를 만드시고 그를 아담에게로 이끌어 오시니 아담이 이르되 이는 내 뼈 중의 뼈요 살 중의 살이라 이것을 남자에게서 취하였은즉 여자라 부르리라 하니라 (창 2:22-23).

하나님께서 세상을 창조하실 때 6일째 되던 날 인간을 창조하셨다. 하나님은 흙과 생기로 아담을 창조하셨고 아담은 하나님의 형상으로 창조된 첫 번째 인간이었다. 그런데 아담에게는 돕는 배필이 없었다. 하나님께서는 그런 아담을 깊이 잠들게 하셨고 아담의 갈빗대 하나를 취하고 그 갈빗대로 여자를 만드셨다. 아담은 여자의 이름을 하와라고 불렀다.

> 이러므로 남자가 부모를 떠나 그의 아내와 합하여 둘이 한 몸을 이룰지로다 (창 2:24).

하나님께서는 인간을 창조하실 때 남자와 여자로 창조하셨다. 그리고 남자와 여자가 서로 사랑을 하고 부부가 되어 가정을 이루게 하셨다.

결혼은 앞으로 태어날 모든 인간이 지켜야 할 하나님께서 만드신 법이었다. 하지만 동성애는 남자와 여자가 아닌 남자가 남자에게 여자가 여자에게 성적 끌림, 또는 성적 행위를 가지는 것을 뜻한다. 즉, 동성애는 하나님께서 만드신 법을 정면으로 거스르는 행동으로 하나님의 창조 질서를 무너뜨리는 행위임을 알 수 있다.

예전에 동성애로 인해 청소년 에이즈 환자가 급증하고 있다는 뉴스를 본 적이 있다. 핸드폰 앱 중에 동성애자 앱이 있는데 청소년들이 동성애자 앱에 접속해서 성매매 아르바이트에 나서면서 청소년 에이즈가 급증하고 있다는 소식이었다.

에이즈가 무엇인가?

에이즈는 '후천성면역결핍증(AIDS)'으로 바이러스에 감염돼 체내의 면역 기능이 저하되어 결국 죽음에 이르게 되는 전염병이다.

에이즈 전염병의 가장 큰 원인이 무엇인 줄 아는가?

바로 동성애이다. 특히, 에이즈 치료비는 전액 국가에서 지원이 나오기 때문에 에이즈 환자가 늘어날수록 국가 재정의 부담은 더욱 늘어가고 있다.

그리고 에이즈라는 질병을 보면서 우리는 한 가지 놀라운 사실을 알 수 있다. 인간이 하나님의 창조 질서를 무너뜨릴 때 그에 따르는 대가를 치르게 된다는 것이다. 성경에서 동성애는 인간의 타락으로 이어진 죄의 결과임을 알 수 있다. 인간이 하나님의 창조 질서를 파괴하려고 하면 거기에 따르는 피해와 대가를 인간이 감당해야 하는 것이다.

나: 네가 친구들에게 동성애가 죄라고 해도 친구들은 전혀 받아들이지 않을 거야.

학생: 네 … 어떻게 하죠 목사님.

나: 대신 동성애를 하면서 사회에 일어나는 피해와 악행들에 대해 자세히 이야기해 주렴.

학생: 아! … 네 목사님.

나: 동성애로 인해 에이즈 증가와 함께 사회적으로 큰 피해와 고통을 받게 된다고 말이야.

학생: 네. 목사님.

나: 참! 크리스천과 넌 크리스천은 서로 세계관이 다를 수밖에 없어.

학생: 네 목사님 … 그런 거 같아요.

나: 우리가 세상을 바라보는 기준은 성경이어야 해.
말씀에 근거해서 판단하고 순종해야 해. 동성애는 성경적으로 절대 옳지 못한 행동이야. 동성애를 옹호하고 찬성하게 되면 결국 이 나라는 하나님의 창조질서를 무너뜨린 대가를 받게 될 거야.
우리는 기도하면서 적극적으로 동성애 때문에 오는 사회적 피해와 고통에 대해 알려야 해! 한편으로 동성애를 하는 사람들이 잘못된 성의 인식에서 벗어날 수 있는 시스템도 만들어야 해. 그들을 정죄하지 말고 오히려 그들이 제자리를 다시 찾아갈 수 있도록 해야 한단다.
네가 하나님께 쓰임 받는 사람이 되기를 바란다.

학생: 네 목사님 알겠습니다.

크리스천은 세상을 바라보는 기준이 세상 사람들과 달라야 한다. 크리스천이 세상을 바라보는 기준이 무엇인가?

바로 하나님의 말씀이다. 크리스천에게 하나님의 말씀은 절대적 기준이다.

당신은 하나님의 말씀인 성경을 당신의 삶의 절대적 기준으로 삼고 있는가?

어떤 상황이 와도 하나님의 말씀인 성경은 변하지 않고 따라야 하는 절대불변의 진리임을 인정하는가?

그렇다면 동성애는 하나님 앞에 큰 죄악임을 반드시 알아야 한다. 크리스천은 동성애를 옹호해서는 안 된다. 오히려 동성애가 대한민국에 합법화되지 않도록 막아야 한다.

2. 목사님 제 친구가 양성애자예요

얼마 전 여학생 한 명이 나에게 와서 이렇게 말했다.

> 학생: 목사님, 요즘에 등교 심방 안 하세요?
> 나: 아! 계속하고 있어. 이번 주에 목사님이 연락할게 같이 학교 가자.
> 학생: 네. 목사님. 감사합니다.

나는 주일 예배 후 그 여학생의 말을 듣고 월요일에 학교에 데려다주었다. 학교가 꽤 멀리 있어서 40분 정도 운전을 하고 가야 했는데 차를 타고 얼마 지나지 않아 그 여학생이 나에게 말했다.

> 학생: 목사님, 저 … 사실 제가 목사님한테 등교 심방 물어봤던 이유가 있어요. 목사님께 드릴 말씀이 있어서요.
> 나: 아. 그래? 물어봐. 무슨 일 있어?
> 학생: 네. 목사님 제가 어릴 때부터 제일 친한 친구가 있거든요. 그런데 이 친구가 양성애자예요. 그래서 목사님과 제자훈련을 하면서 동성애에 관해 배우는데 친구가 생각이 났어요.

그래서 동성애를 듣는데 마음이 많이 아프고 힘들었어요.

나: 아~ 그랬구나.

그 여학생에게는 어릴 때부터 엄청 친한 친구가 있었는데 그 친구가 어느 날 자신이 양성애자라고 밝혔다고 말했다. 양성애자는 동성과 이성에게 모두 성적으로 끌리는 사람을 뜻하는 것으로 남자의 경우 남자와 여자 모두에게 성적으로 끌리고 여자의 경우에는 여자와 남자 모두에게 성적으로 끌리는 것을 말한다.

그 여학생의 친구는 여자친구였는데 같은 동성인 여자들을 볼 때 친구로서 좋은 것이 아니라 이성으로 좋아한다고 말했다. 그 이야기를 듣고 그 여학생은 친구에게 몇 번이나 동성애에 관해 이야기를 하려고 했지만 교회를 다니지 않는 자기 친구에게 동성애가 옳지 못한 것이라고 말을 하기가 참 어렵다고 말했다.

지금 이 여학생의 입장처럼 이제 동성애에 관해 옳지 못한 것이라고 말하기가 참 어려운 시대가 되었다. 오히려 국회에서 몇몇 국회의원들은 동성애를 하는 사람들의 인권을 존중해야 한다고 동성애를 차별하지 못하도록 법을 세우려고 시도하고 있다.

그것을 바로 '차별금지법'이라고 하는데 '차별금지법'이란 합리적 이유 없이 성별, 장애, 병력, 나이, 성적 지향성, 출신 국가, 출신민족, 인종, 피부색, 언어 등을 이유로 차별을 받지 않도록 하는 내용의 법률이다. 우리나라에서는 2007년, 2010년, 2012년 등 3차례에 걸쳐서 '차별금지법' 입법을 시도했으나 모두 실패하고 말았다.

많은 국민이 '차별금지법'을 반대하니까 이제는 이름을 바꿔서 '평등법'으로 또 '건강가정기본법'으로 나와서 국민들을 혼란에 빠뜨리고 있다. 여기서 우리가 주목해야 할 부분이 있는데 바로 성적 지향성에 관련된 부분이다.

성적 지향성이란 무엇인가?

쉽게 말해서 이 법이 통과되고 난 뒤에 누군가가 동성애를 반대하거나 비판한다면 그 사람은 엄청난 피해를 받게 되는 것이다.

만약 당신이 다른 누군가에게 "나는 동성애를 찬성하지 않아. 나는 하나님께서 남자와 여자를 창조하셨음을 믿어. 난 동성애에 빠진 사람들이 빨리 미혹에서 빠져나왔으면 좋겠어"라고 말했다. 그런데 그 말을 우연찮게 동성애에 찬성하는 사람이 듣게 되었고 그 사람이 앙심을 품고 당신을 신고해 버린다면 당신은 엄청난 벌금을 정부에 내야 하는 아주 기이한 일이 일어나게 되는 것이다.

즉, 성적 지향은 동성 간의 성행위를 정당화하는 것이며 더 이상 그들의 행위에 대해 아무런 말도 할 수 없게 되는 것이다. 이것은 상당히 심각한 일이다. 그런데 더 놀라운 것은 많은 국회의원이 이 법안을 통과시키기 위해 애쓰고 있다는 사실이다. 그리고 '차별금지법'이 통과되지 못하니까 이름을 바꿔서 '평등법'으로 '평등법'이 통과되지 못하니까 '건강가정기본법'으로 이름을 바꿔서 이 법안을 통과시키려고 하고 있다.

크리스천들은 동성애를 옹호하는 법안인 '차별금지법', '평등법', '건강가정기본법' 등을 철저하게 반대해야 한다. 이것은 보이지 않는 어둠의 영과의 영적 싸움이다. 만약 이 법안을 통과시킨다면 앞으로 교회는 엄청난 어려움을 겪게 될 것이다. 동성애 목사가 나올 것이며, 교회 안에서 동성연애가 자유롭게 일어날 수 있다. 그리고 하나님의 말씀을 제대로 전하지 못하는 교회에는 더 이상 성령께서 함께 하실 수 없다. 교회는 무너져 내릴 것이다.

그뿐만이 아니다. 동성애를 국가적으로 찬성하게 되면 에이즈 환자, 여러 성 질병들, 성 정체성 혼란, 가치관의 혼란, 기타 등등 사회적으로도 많은 어려움을 겪게 될 것이다. 그리고 무엇보다 하나님의 말씀을 국가에서 합법적으로 어기는 길을 만들게 되면 국민들이 합법적으로 하나님께 큰 죄를 저지르게 될 것이며 이 나라는 하나님의 심판을 피하지 못할 것이다.

크리스천은 이 땅에서 하나님을 자유롭게 예배하기 위해서라도 동성애를 반대하고 막아야 한다. 그렇다고 오해는 하지 말자. 지금 내가 하는 말은 동성애자들을 정죄하고 혐오하고 그들을 멀리하라는 말이 아니다. 크리스천은 그들을 사랑하는 마음으로 그들이 동성애에서 빠져나올 수 있도록 해야 한다.

내가 당신에게 하고 싶은 말은 동성애는 서로 다름이 아니라 옳고 그름이라는 사실이다. 우리는 옳고 그름의 출발선에서 동성애에 빠져 있는 사람들을 예수님의 사랑으로 긍휼히 여기고 그들이 미혹에서 빠져나올 수 있도록 도와야 하며 정부에서 더 이상 동성애 옹호법을 통과시키지 못하도록 막아야 한다.

3. 동성애의 배후에는 어둠의 영이 있다

고등학교 때 나와 친한 친구가 있었다. 이 친구는 나와 함께 어릴 때부터 모태신앙이었으며 교회를 다니는 친구였다. 함께 운동도 좋아하고 교회를 다니기도 해서 마음이 잘 맞았다. 그러던 어느 날 그 친구가 나를 부르더니 자기 고민을 이야기했다.

친구: 맥아. 나 요즘에 정말 힘든 일이 한 가지 있어.

나: 응? 뭔데?

친구: 너 지금부터 내가 하는 말 다른 애들한테 하면 안 돼!

나: 알겠어. 더 궁금하게 만드네 … 무슨 일이야?

친구: 그게 … 나는 예전부터 이성을 좋아했거든 …

나: 그래. 내가 잘 알지. (놀림) 너 매일 여자애들만 보면 흥분하잖아!

친구: 아오 … 장난하지 말고. 나 진짜 심각해 …

나: 응? 왜 그래 친구? 무슨 일 있어?

친구: 그게 … 얼마 전부터 가끔 남자가 생각나면서 가슴이 뛰고 성적으로 음란한 생각이 나는 거야 … 그래서 처음에 그런 생각이 들었을 때 내가 미친 줄 알았어. 그래서 생각에서 지워버리려고 다른 생각도 하고 그랬는데 이게 쉽지가 않아. 나 어떻게 해야 하냐?

나: (순간 당황!) … 혹시 … 너 나를 보면서 … 그런 생각을 …

친구: 야! 내가 모든 남자를 본다고 그런 생각이 드는 줄 아냐? 갑자기 한 번씩 그런 생각이 든다는 거지 … 정말 미칠 것 같아.

나: (심각) 음 … 그런 고민이 있었다니. … 네가 많이 힘들었겠네. 누구한테 쉽게 말할 수 있는 그런 고민도 아니고 …

친구: 응 … 나도 내가 왜 이런지 모르겠어.

나: 친구야. 그럼 우리 기도해 보자. 나도 기도할게.

친구: 그래? 알겠어. 꼭 기도할게.

그 친구는 자신에게 한 가지 고민이 있다고 나에게 말을 해 줬다. 자신은 여자가 너무 좋은데 가끔씩 자신도 모르게 남자 생각이 나면서 가슴이 뛰고 성적으로 음란한 생각이 난다고 말했다. 그리고 자신에게 그런 생각이 들 때마다 미쳐버릴 것 같다고 말했다. 우리는 함께 기도하기로 했고 시간이 얼마 지나지 않아 나는 그 사실을 잊어버렸다. 그 친구를 위해 기도하기로 했지만, 그 당시 나는 기도를 전혀 하지 않는 사람이었기 때문에 '기도해야지' 하면서 그 친구를 위해 기도하는 것을 잊어버렸던 것이다.

그런데 그로부터 몇 개월 뒤 놀라운 일이 일어났다. 그 일이 있고 몇 개월이 지난 뒤 그 친구가 나에게 이런 말을 했다.

친구: 맥아. 나 예전에 너한테 기도 부탁했던 거 기억나?

나: 아?! 그래. 기억나! 너 남자 좋아한다고 했었잖아?

친구: 아니. 내가 언제 좋아한다고 했냐! 나도 원하지 않는데 그런 음란한 생각이 드니까 힘들다고 했지. … 그래서 그 뒤부터 계속 기도했었어.

나: 그래. 어떻게 됐어? 지금은 좀 괜찮아?

친구: 응. 지금은 전혀 그런 생각이 안 나.

나: 이야! 감사하네. 잘 됐다. 고생했어.

친구: 응. 처음에 그런 생각이 들었을 때 너무 힘들었었거든. 그래서 정말 열심히 기도했었어. 원래 이렇게 간절히 기도한 적이 한 번도 없었는데 이번에 기도하면서 예수님을 인격적으로 만나게 됐어. 예전에는 예수님이 정말 살아계신 분이라는 게 안 믿어졌는데 기도할 때 예수님이 나를 위해서 십자가에 죽으시고 부활하신 사실이 믿어지더라고. 그리고 그때 회개하고 예수님을 위해 살겠다고 고백 드렸어. 근데 정말 놀란 게 그 뒤부터 더 이상 남자 생각이 안 나더라고. 맥아. 정말 고맙다. 기도해 줘서.

나: 응? … (기도한 적이 없는데 …) 그래그래. 네가 더 이상 그런 생각이 안 난다고 하니 정말 잘 됐다.

그 친구는 예수님을 인격적으로 만난 이후 더 이상 남자 생각이 나지 않는다고 말했다. 그 당시 나는 친구의 이야기를 듣고 그냥 그런가 보다 하며 넘어갔다. 그러나 이제는 그때의 일이 무엇인지 안다. 동성애의 배후에 어둠의 영이 강하게 역사하고 있다는 것을. 그리고 우리는 최전선에서 동성애라는 것을 통해 역사하는 어둠의 영을 대적해야 한다는 사실을 알게 되었다.

나는 이 글을 읽는 당신이 동성애의 배후에 있는 어둠의 영에 당당하게 맞서는 크리스천이 되기를 바란다.

동성애로 힘들어하고 있는 여러 사람을 치료해 주고 바른길로 인도해 내는 일에 쓰임 받기를 바란다.

생각하기

1. 동성애는 서로 다른 것인가요? 잘못된 것인가요?

2. 에이즈는 어떤 질병이며 왜 걸리나요?

3. 성경에서는 동성애에 관해 어떻게 말하고 있나요?

4. 우리가 세상을 바라보는 기준은 무엇인가요?

5. 차별금지법이 무엇인가요?

6. 동성애의 배후에는 어둠의 영이 있습니다.
   동성애뿐만 아니라 배후에 어둠의 영이 있는 것은 무엇이 있을까요?

6

당신의 세계관은 무엇인가요?
(여호수아와 갈렙)

나는 운전을 할 때 항상 선글라스를 가지고 다닌다. 왜냐하면, 햇빛이 너무 강하게 비춰서 앞이 잘 보이지 않을 때 선글라스만큼이나 유용한 것이 없기 때문이다. 하지만 나는 얼마 지나지 않아 선글라스를 벗어버린다. 이유는 세상이 온통 어둡게 보이기 때문이다. 처음에는 햇빛을 피하기 위해 선글라스를 꼈지만 더 이상 햇빛이 비치지 않으면 선글라스 때문에 어둡게 보여서 오히려 운전할 때 방해가 된다. 특히, 선글라스를 낀 채 어두운 터널을 지날 때면 앞이 잘 보이지 않아 선글라스를 바로 벗게 된다.

나는 초등학교 6학년 때부터 안경을 썼다. 초등학교 때부터 키가 커서 학교에서 맨 뒤에 앉았는데 어느 순간부터 칠판에 선생님이 쓰는 글씨가 제대로 보이지 않았다. 안과에 갔더니 의사 선생님께서 내 눈이 상당히 나쁘다고 안경을 맞춰야 한다고 말했다. 그때부터 안경을 쓰기 시작한 나는 20년 동안 안경을 썼다. 오랫동안 안경을 쓰면서 많은 추억이 있는데 그중에 고등학교 때 추억이 가장 기억에 남는다. 내가 고등학교를 다닐 때 안경에 색깔을 넣는 것이 유행이었는데 나도 유행에 맞춰 안경을 바꿀 때마다 안경에 색깔을 바꿔 넣었다.

내 나름대로 해보고 싶은 색깔을 다 해본 것 같다. 주황색, 파란색, 남색 등 여러 가지 색깔을 안경알에 넣어서 다녔다. 안경에 색깔을 넣어서 쓰고 다니면 내가 보는 세상은 온통 내가 쓴 안경 색깔로 보였다. 피시방을 가서 게임을 할 때도 친구들과 운동을 할 때도 열심히 공부를 할 때도 교회에서 예배를 드릴 때도 세상이 온통 내가 쓴 안경 색깔처럼 보였다.

나는 당신에게 안경 색깔을 이야기하면서 하고 싶은 말이 있다. 내가 어떤 안경을 쓰고 세상을 바라보느냐에 따라 세상이 다르게 보이는 것처럼 내가 어떤 세계관을 가지고 있느냐에 따라 세상을 바라보고 해석하는 관점이 달라진다. 그래서 청소년 시기에 가장 중요한 것은 성경적 세계관을 형성하는 것이다.

크리스천 청소년들이 성경적 세계관을 제대로 형성하지 않으면 큰 문제가 일어난다. 그 문제는 청소년들이 세상에 나갔을 때 무엇이 옳고 그른지를 분별하지 못하고 세상의 관습과 문화에 따라 세상이 원하는 대로 살아가는 사람들이 될 수 있기 때문이다.

사도바울은 로마 교회를 향해 이 세대를 본받지 말고 오직 마음을 새롭게 함으로 변화를 받아 하나님께서 기뻐하시는 뜻이 무엇인지 분별하라고 말한다. 그렇다. 크리스천은 이 세상을 살아가면서 하나님의 말씀으로 옳고 그른 것이 무엇인지 분별하며 하나님의 말씀을 제대로 알고 지켜야 한다.

당신은 현재 성경적 가치관으로 세상을 바라보고 있는가?

함께 살펴보자.

1. 10명의 정탐꾼 VS 여호수아, 갈렙

성경에는 한 가지 상황을 두고 너무나 다른 두 시각을 가지고 있는 사람들을 볼 수 있다. 이스라엘 백성이 약 400년 만에 애굽을 나와 가나안 땅 입성을 앞두고 있다. 모세는 가나안 땅 입성을 앞두고 이스라엘 각 지파에서 대표 한 명씩을 뽑는다. 그리고 각 대표 열두 명에게 가나안 땅으로 들어가서 그 땅을 철저히 탐색하고 돌아오라고 말한다.

각 지파의 대표였던 열두 명의 정탐꾼은 사십 일 동안 가나안 땅을 정탐한다. 그 땅에 지형이 어떤지, 어떤 과일과 나무가 있는지, 어떤 민족들이 살고 있는지, 그들의 성은 얼마나 견고한지, 철저하게 탐색하고 돌아온다. 그리고 모세와 이스라엘 백성이 다 모인 곳에서 그들은 자신들이 사십 일 동안 보고 온 가나안 땅에 관해 말하기 시작한다.

그들은 과연 뭐라고 말했을까?

> 이스라엘 자손 앞에서 그 정탐한 땅을 악평하여 이르되 우리가 두루 다니며 정탐한 땅은 그 거주민을 삼키는 땅이오. 거기서 본 모든 백성은 신장이 장대한 자들이며 거기서 네피림 후손인 아낙 자손의 거인들을 보았나니 우리는 스스로 보기

에도 메뚜기 같으니 그들이 보기에도 그와 같았을 것이니라(민 13:32-33).

정탐꾼들은 가나안 땅은 젖과 꿀이 흐르는 땅이었지만 이미 가나안 땅에는 다른 민족들이 터를 잡고 살고 있다고 말했다. 가나안 땅에 사는 민족들은 신장이 장대했으며 거기에다가 네피림의 후손인 아낙 자손의 거인들도 있었다고 말하며 그들 앞에 우리는 메뚜기처럼 보인다고 말했다. 즉, 정탐꾼들은 모든 백성 앞에서 가나안 땅에 살고 있는 민족들을 절대 이길 수 없을 것이라고 말한 것이다.

정탐꾼들의 말을 들은 이스라엘 백성은 어떻게 반응했을까?

그들은 밤새도록 소리를 높여 통곡했다. 그리고 분노하며 모세와 아론을 원망했다.

"차라리 이렇게 될 바에 우리가 애굽 땅에서 노예로 있다가 죽거나 광야에서 지내다가 죽는 게 더 좋았을 거야!"라고 말한다. 그런데 이스라엘 백성의 분노와 원망은 거기서 그치지 않는다. 그들은 이렇게 하나님을 원망한다.

"하나님이 우리를 이 땅으로 인도하여 그들의 칼에 죽게 하고 우리의 아내와 자녀들을 사로잡게 하려고 인도한 것이 아니냐!

이제 우리가 지휘관을 세워서 애굽으로 돌아가자!"

당신은 이스라엘 백성의 행동을 보면서 어떤 생각이 드는가?

지금 이스라엘 백성의 행동은 선을 넘은 행동이다. 이스라엘 백성은 지금까지 자신들을 인도하신 하나님을 부정하는 것이다. 어려운 일을 당하면 하나님께 은혜를 달라고 엎드려 기도해야 하는데 오히려 이스라엘 백성은 하나님을 원망하며 저주하며 관계를 끊으려고 하고 있다.

그러자 이 모습을 본 두 명의 정탐꾼인 여호수아와 갈렙이 옷을 찢으며 나와서 이렇게 말한다.

> 하나님께서 우리를 기뻐하시면 우리를 그 땅으로 인도하여 들이실 것입니다. 그 땅을 우리에게 주실 것입니다. 하나님을 거역하지 마십시오! 또 그 땅 백성을 두려워하지 마십시오. 그들은 우리의 먹이입니다. 그들의 보호자는 떠났고 하나님께서 우리와 함께 하십니다. 그들을 두려워하지 마십시오!

먼저 이스라엘 백성은 정탐꾼의 말을 듣고 하나님을 원망했다. 왜 우리를 이곳까지 데리고 왔냐며 하나님을 저주하며 다시금 지도자 한 명을 세워서 애굽으로 돌아가자고 말했다. 그러나 갈렙과 여호수아는 하나님께서 우리와 함께 하시기 때문에 그들은 우리의 먹이이고 그들을 두려워하지 말라고 말한다. 똑같은 상황이다. 그런데 서로 전혀 다르게 해석하고 있다.

왜 그런 것인가?

갈렙과 여호수아는 자신들과 함께하시는 하나님을 믿었다. 애굽에서 10가지 재앙을 일으키셨으며, 홍해 바다를 건너게 하셨으며, 광야에서 낮에는 구름 기둥으로 밤에는 불기둥으로 인도하신 하나님을 믿었다. 하늘에서 만나를 주셨으며, 메추라기도 보내 주셨으며,

광야에서 물을 주신 하나님을 믿었다. 그들은 하나님이 이스라엘의 유일한 왕이시며 자신들이 하나님의 백성임을 믿었다. 그래서 가나안 땅에 사는 민족들이 거대할지라도 그들이 강한 용사라고 할지라도 위대하신 하나님께서 우리와 함께 하시기 때문에 그들은 한주먹거리도 안된다고 믿었던 것이다.

하지만 이스라엘 백성은 달랐다. 그들은 항상 하나님을 불신했다. 애굽에서 10재앙이 내리는 것을 두 눈으로 보면서도, 홍해를 직접 걸어가면서도, 낮에는 구름 기둥과 밤에는 불기둥으로 보호를 받고 있으면서도, 하늘에서 내린 만나와 메추라기까지 먹으면서도, 하나님께서 가나안 민족을 물리칠 것이라는 사실을 부정했다.

갈렙과 여호수아는 믿음의 눈으로 바라봤고 이스라엘 백성은 불신앙의 눈으로 바라봤다. 이 차이는 그들에게 엄청난 결과를 가져왔다. 하나님께서는 불순종하며 하나님을 원망하는 이스라엘 백성을 보며 진노하셨다. 그리고 앞으로 이스라엘 백성은 정탐한 사십일 중 하루를 일 년으로 쳐서 이십 세 위로는 사십 년 동안 광야에서 지내게 될 것이라고 말씀하셨다. 절대 가나안 땅으로 들어갈 수 없을 것이라고 말씀하셨다. 하지만 20세 위로 유일하게 가나안 땅을 밟은 사람들이 있었는데 바로 갈렙과 여호수아였다. 하나님께서는 갈렙과 여호수아의 믿음을 보셨고 그들을 가나안 땅으로 인도하셨다.

2. 우리는 하나님의 관점에서 바라보고 선택해야 한다

우리는 여기서 중요한 사실을 깨닫게 된다. 크리스천이 세상을 살아갈 때 어떤 관점으로 세상을 바라보는 것이 얼마나 중요한 것인지 말이다. 나는 당신에게 묻고 싶다.

당신의 판단과 선택은 무엇을 중심으로 판단하고 선택하는가?

당신이 크리스천이라면 어떤 상황 속에서도 하나님의 관점으로 볼 수 있어야 한다. 그리고 우리를 하나님의 관점에서 볼 수 있게 해주는 것이 바로 성경이다.

하지만 안타까운 현실은 많은 크리스천 청소년들이 더 이상 성경을 읽지 않는다. 청소년들이 성경을 읽는 시간은 일주일에 단 한 번이다. 바로 교회에서 예배를 드릴 때이다.

그렇다면 왜 많은 크리스천 청소년들이 성경을 읽지 않을까?

이유는 하나다. 재미가 없기 때문이다. 지금 아이들에겐 성경보다 재미있는 것들이 훨씬 많다. 게임, 유튜브, 인스타, 가요 듣기 등등 아이들의 눈과 귀를 현혹시키는 것들이 너무 많다. 더 이상 성경이 하나님의 말씀으로 다가오지 않는다.

그리고 성경을 읽지 않는 상황에서 아이들이 성경적 가치관을 가지는 것은 있을 수가 없는 일이다. 사람은 자신이 자주 보고 듣고 읽는 것에 영향을 받게 되어있다. 만약 내가 유튜브를 많이 시청하면 유튜브에서 자주 보는 영상에 영향을 받을 수밖에 없다. 내가 게임을 많이 한다면 내 생각과 가치관이 게임의 영향을 받을 수밖에 없다.

현재 당신은 무엇에 가장 많은 시간을 투자하고 있는가?

얼마 전 제자훈련을 하면서 '혼전순결'과 '동거'에 관해 이야기를 했다. 새롭게 올라온 고1 학생들에게 나는 '혼전순결'을 지켜야 하는 이유에 관해 말했다. 그리고 동거는 왜 성경적 방법이 아닌지에 관해 이야기해 줬다. 제자훈련을 마치고 학생들에게 제자훈련 후 깨닫게 된 것을 카카오톡 방에 올리라고 말했다.

몇몇 학생이 올린 글이 있는데 다음과 같다.

> 나: 얘들아. 요즘 유튜브를 보면 많은 동거 커플들을 볼 수 있어. 영상을 보면 서로 동거하면서 겪는 에피소드를 비롯해, 동거를 했을 때 장단점이 뭐가 좋은지, 그리고 앞으로 결혼 전에 꼭 동거를 해보라며 추천하는 영상을 볼 수도 있어. 우리는 동거가 너무나 자연스러워진 시대를 살아가고 있어. 그런데 여기서 목사님이 너희한테 물어볼 질문이 있어. 그렇다면 크리스천은 과연 동거를 어떻게 봐야 할까? 동거는 결혼 전에 남녀가 함께 살면서 내 짝으로 평생 함께 할 수 있는 사람인지 가늠해 볼 수 있는 좋은 방법일까? 아니면 '아무리 그래도 그렇지. 어떻게 결혼하지 않은 남녀가 부부처럼 살 수 있어? 동거는 안돼' 과연 누구의 말이 옳은 것일까?
>
> 창세기 2장 24절을 함께 읽어보자. "이러므로 남자가 부모를 떠나 그의 아내와 합하여 둘이 한 몸을 이룰지로다." 창세기 2장에 보면 우리가 두 가지 사실을 알 수 있어.
>
> 우선, 결혼은 인간 스스로 만들어낸 것이 아니라 하나님께서 인간을 창

조하시면서 주신 하나님의 법이라는 사실이야. 그래서 한 남자와 한 여자가 만나 하나님과 사람 앞에서 서약을 하고 결혼한 뒤 부부가 되어 함께 살아가는 거야. 그렇기에 동거는 결혼 전 부부로 평생을 살아갈 수 있는 사람인지 확인하는 합리적인 방법이 아니라고 할 수 있어.

오히려 동거는 하나님의 창조질서를 무너뜨리는 행위야. 그리고 남녀의 성관계는 하나님께서 인간을 창조하시면서 부부에게만 허락하신 거야. 남자가 부모를 떠나 아내를 만나 함께 결혼해서 한 몸을 이루게 되는 것이거든.

우리는 크리스천이 혼전순결을 지켜야 하는 이유를 여기에서 알 수 있단다. 그리고 성경 곳곳에 보면 혼전순결을 지켜야 한다고 말하고 있어.

출애굽기 20장 14절에서는 "간음하지 말라"고 말하고 있지. 간음은 합법적인 혼인 관계를 벗어나 가지는 성관계로 결혼 전이나 결혼 후에 배우자가 아닌 사람과 성관계를 가지는 거야.

그렇다면 예수님께서는 간음에 대해 뭐라고 말씀하셨을까?

예수님께서는 음욕을 품고 여자를 보는 자마다 마음에 이미 간음하였다고 말씀하셔. 즉, 예수님께서는 직접적인 성관계뿐만 아니라 이미 배우자 외에 다른 여인을 보고 마음에 음욕을 품는 것 자체가 간음이라고 말씀하고 계신단다. 이렇게 우리는 하나님의 거룩한 말씀이 무엇인지 잘 알고 있어야 해.

그리고 하나님의 말씀에 바르게 순종해야 해.

그것이 하나님께서 하나님의 자녀들에게 원하시는 것이란다.

학생 1: 동거라는 것이 드라마에 흔하게 노출되면서 나도 자연스럽게 동거는 결혼하기 전에 하면 좋은 과정이라고 생각했었다.

사실 결혼이라는 제도도 왜 어떻게 시작하게 되었는지 궁금했었는데 하나님이 만드신 법이라고 해서 신기했고 성관계라는 것도 성인이면 자연스레 할 수 있는 것이 아닐까 생각했었는데 하나님께서 부부에게만 선물로 주신 것이라는 것도 알게 되었다.

학생 2: 나는 동거가 잘못되었다는 것을 몰랐다. 엄마가 결혼 전에는 동거하면 안 된다고 말을 종종 하셨는데 왜 안되는지 몰랐다.

그리고 주변에 친구들도 남자친구를 사귀어서 동거를 하고 싶다면서 결혼하기 전에 꼭 동거를 할 거라고 얘기하는 아이들이 많았다. 동거를 해야 이 사람이 어떤 사람인지 제대로 알 수 있다는 아이들 말에 '나도 아 그런 건가?' 하면서 '동거를 하면 좋은 거 아닌가?' 라고 생각했었다.

목사님의 말씀처럼 선과 악의 경계선이 모호해진 시대가 되었다. 내 친구들은 동거를 로맨틱하고 좋게 바라보았다. 그래서 나도 동거라는 것이 마냥 좋기만 한 건 줄 알았다.

하지만 동거를 하면 왜 안 되는지 제대로 알 수 있었다. 나는 꼭 하나님께서 주신 결혼이라는 법을 소중하게 생각하고 결혼하기 전까지 하나님께서 주신 성을 귀하게 여기고 죄를 짓지 않을 것이다. 하나님께서 맺어주시는 배우자를 만나기 전까지 내가 먼저 참된 배우자가 될 수 있게 해달라고 기도하면서 살아야겠다고 다짐했다.

학생 3: 저번 주 국어 시간에 국어 선생님께서 즐겨보시는 유튜버가 있다고 설명해 주셨다. 요즘 동거 커플의 영상을 챙겨보고 있다며 그 커플을 보면서 진짜 사랑이 이런 것일까 서로 사랑하는 것이 느껴진다고 하셨다. 국어 선생님은 결혼을 하셨고 아이도 있으며 굉장히 문학적이고 감성적이신 선생님이다.

나는 목사님께 들은 말씀을 바탕으로 동거가 잘못된 것이라고 생각하고 있었으나 친구들은 동거가 잘못된 것을 알지 못하고 선생님 말에 공감했다. 내가 만약 목사님의 말씀을 듣지 못하고 선생님의 말씀을 듣게 되었다면 세상의 보편적인 인식에 빠져 나도 친구들과 함께 선생님의 말에 동의했을 것이라 생각한다.

동거는 분명 하나님의 말씀에 위배되는 행동이다.

출애굽기 20장 14절 "간음하지 말라"고 말씀하셨다.

말씀을 읽지 않게 되면 세상에서 살아갈 때 옳고 그름이 무엇인지 판단하기 어려울 때가 있다.

세상이 말하는 대로 따라가지 않고 하나님의 편에 서서 세상을 바라보며 옳고 그름을 분별할 수 있는 사람이 될 수 있도록 기도할 것이다.

이렇게 어릴 때부터 성경적 가치관을 형성하는 것이 너무나 중요하다. 만약 성경적 가치관이 형성되지 않으면 우리 아이들은 어릴 때부터 교회는 다니지만 예수님과 전혀 상관없는 사람으로 살아가게 될 것이다. 하나님의 마음이 어떤 것인지도 전혀 모를 것이다. 이것만큼 비극적인 일이 어디에 있겠는가!

하지만 성경적 가치관을 제대로 형성하면 세상 속에서도 하나님의 말씀을 좇아 살아갈 수 있다. 왜냐하면, 무엇이 하나님께서 원하시는 것인지 원하시지 않는 것인지를 분별할 수 있기 때문이다.

그렇다면 성경적 가치관을 어떻게 형성할 것인가?

성경적 가치관을 형성하는 것은 여러 방법이 있다. 먼저 성경을 읽어야 한다. 나는 믿음의 눈이 제대로 띈 적이 있었는데 신학대학원에 들어가기 위해 일 년 동안 정말 열심히 성경을 읽었을 때였다. 그 당시 나는 수험생이 공부하듯이 성경을 공부하며 정독했는데 일 년 동안 20독 넘게 성경을 읽었다. 그때 하나님의 말씀을 자세히 알게 되면서 옳고 그름을 분별할 수 있는 힘이 생겼다.

즉, 내가 성경에 관해 자세히 알게 되니까 어떤 상황과 환경을 맞이했을 때 성경에서 뭐라고 말씀하고 있는지 살펴보게 되고 자연스럽게 옳고 그름이 무엇이며 어떻게 판단하고 선택해야 하는지 알게 되었다. 당신도 성경적 가치관을 제대로 형성하고 싶으면 성경을 제대로 읽고 공부해야 한다. 시간과 장소를 정해서 성경을 읽자. 성경을 읽을 때 이해되지 않는 부분들이 있다면 담당 교역자에게 도움을 받기를 바란다. 그리고 자신이 다니는 교회에서 하는 제자훈련과 성경 공부에 참석하자.

제자훈련과 성경 공부를 통해 하나님의 말씀을 제대로 알 수 있다. 혼자 성경을 읽으면 하나님의 말씀을 알 수는 있지만 깊이 있게 알기 힘들다. 하나님께서 세우신 교역자를 통해 말씀을 바르게 배우며 알아가야 한다. 그럴 때 자연스럽게 당신은 무엇이 옳고 그른 것인지를 분별할 수 있는 힘이 생길 것이다.

지금은 세상이 너무 악하다. 너무나 많은 유혹들이 우리를 에워싸고 있다. 우리가 성경적 가치관을 전혀 가지지 않고 있다면 우리는 세상에 휩쓸릴 수밖에 없다. 성경만이 당신을 세상의 유혹으로부터 지켜낼 것이다. 성경을 사랑하고 항상 읽고 묵상하는 당신이 되기 바란다.

1. 우리의 가치관은 무엇으로부터 가장 큰 영향을 받고 있는가?
   (함께 나눠 봅시다.)

2. 가나안 땅을 정탐하고 온 10명의 정탐꾼은 뭐라고 보고했습니까?

3. 갈렙과 여호수아는 뭐라고 보고했습니까?

4. 결국 이스라엘 백성은 어떻게 되었습니까?

5. 우리는 성경적 가치관을 가지고 살아가고 있습니까?(함께 나눠 봅시다.)

6. 성경적 가치관을 형성하려면 우리가 노력해야 할 부분은 무엇입니까?

당신은 하나님을 인격적으로 만났나요?
(여호수아의 죽음과 다음세대)

청소년 사역을 15년 동안 하다 보면 내 의지와는 상관없이 학생들이 하는 게임을 많이 알게 된다. 학생들이 게임을 할 때 나는 주로 옆에서 보는 편이다. 왜냐하면, 게임을 하면 내 등짝이 남아나질 않기 때문이다. 스피드한 게임을 잘 못하는 나는 항상 한 발짝 늦기 때문에 벌칙에 자주 걸린다. 그래서 벌칙으로 등짝을 너무 많이 맞아서 때로는 시퍼렇게 멍이 들기도 한다.

그날도 주일날 교회에서 학생들을 만나기 위해 카페를 향했다. 카페에는 고등학생들이 많이 모여 있었는데 그때 학생 한 명이 나를 반갑게 맞이하며 이렇게 말했다.

학생들: 목사님! 저희랑 게임해요!

나: 응? 게임? 무슨 게임인데?

학생들: 네 목사님. 밸런스 게임인데요. 제가 단어 또는 문장 중에 두 가지를 말할 거예요. 그럼 목사님께서 한 가지만 선택하시면 돼요.

그런데 제가 하나, 둘, 셋! 하면 바로 대답하셔야 해요.

나: 그래? 그럼 같이 해보자.

학생들: 네 목사님!

학생 1: 목사님 질문을 드릴게요.

짜장면 vs 짬뽕. 하나, 둘, 셋!

나: 짬뽕!

학생 2: 목사님. 두 번째 질문입니다.

강아지 vs 고양이. 하나, 둘, 셋!

나: 강아지! 뭐야? 왜 이렇게 쉬워?

학생 3: 와~ 목사님 잘하시네요. 세 번째 질문입니다.

목사님 딸들 vs 목사님 아내. 하나, 둘, 셋!

나: 아내!(바로 대답함)

학생 3: (놀람) 오~ 목사님 고민도 안 하시네요.

나: 뭐 이 정도쯤이야 … 하핫!

학생 1: 목사님 이번에 제가 마지막으로 질문드릴게요.

자~ 바지에 오줌을 싸고 3시간 동안 말리고 있기 vs 화장실에서 응가 싸고 손으로 닦고 나오기. 하나, 둘, 셋!

나: 응? 뭐라고?(당황함)

나는 그 학생의 마지막 질문에 심각하게 고민했다. 바지에 오줌을 싸고 3시간 동안 말리는 것이 나을지, 아니면 화장실에서 응가를 싸고 손으로 닦고 나오는 게 나을지 말이다.

결국, 나는 두 번째를 선택했다. 화장실에서 손으로 닦고 나오면 물에 바로 씻을 수 있기 때문에 오줌을 바지에 싸고 3시간 동안 바지에 말리는 것보다 괜찮다고 생각했다. 그렇게 학생들과 게임을 하고 난 후 내 머리를 번쩍 스쳐 지나가는 것이 있었다. 나는 눈빛을 반짝거리며 집으로 돌아와 아내를 불렀다.

나: 아내! 잠깐 와보세요.

아내: 왜요? 나 바빠요(음식 준비 중).

나: 잠시만. 내가 재미있는 게임 하나만 가르쳐 줄게!

아내: 바쁜데 … 뭔데요?

나: 응. 지금부터 내가 두 가지 단어를 말할 거야.
  그럼 한 가지 단어만 선택하면 돼.
  그런데 하나, 둘, 셋! 하면 바로 선택해야 해!

아내: 알겠어요.

나: 짬뽕 vs 짜장면. 하나, 둘, 셋!

아내: 짜장면!

나: 오 잘했어. 다음 질문 갑니다.
  화장실에 휴지가 없을 때 휴지심 vs 양말. 하나, 둘, 셋!

아내: 으 더럽다 … 꼭 대답해야 해요?

나: (무시하며) 하나, 둘, 셋!

아내: 흠 … 양말!

나: 자! 그럼 마지막 질문입니다.

지금까지는 마지막 질문을 하기 위한 나의 사전 준비였다. 나는 평소에 내가 묻고 싶었던 질문을 아내에게 말했다.

나: 자! 머리숱 많은 박서준! vs 머리숱 없는 남편! 하나, 둘, 셋
아내: 박서준!
나: ….
아내: 왜요? 삐졌어요?
　　　대머리 … 생각만 해도 싫어요!

나는 그 이후부터 머리 나는 약을 먹고 있다 ….

아내가 평소에 박서준을 좋아한다고 몇 번이나 말했는데 과연 아내는 박서준을 택할지 나를 택할지 궁금했다. 방심하고 있을 때 갑작스럽게 질문을 해서 아내의 속마음을 알고 싶었다.

나는 질문을 하기 전 머리숱 많은 박서준, 머리숱 없는 남편이라는 조건을 달았다(실제로 나는 머리숱이 많지 않다). 왜냐하면, 만약 아내가 박서준이라고 대답하면 질문한 내가 너무 초라해질 것 같아서였다. 다른 한편으로 아내가 빠져나갈 구멍을 만들어준 것이나 다름없었다. 나중에 아내에게 나를 선택하지 않은 이유를 물어봤을 때 아내는 머리숱이 없는 것 때문이라고 말했다. 역시 아내는 눈치가 빠르다. 그래서 요리조리 잘도 피해 간다. 하지만 내가 묘하게 기분 나빴던 것은 아내가 1초의 망설임도 없이 박서준을 선택했기 때문이다.

밸런스 게임을 이야기하면서 당신에게 말하고 싶은 것은 우리는 늘 선택을 하며 살아간다는 것이다. 오늘 점심은 밥을 먹을지 라면을 먹을지부터 시작해서 학교에 갈 때 걸어갈지 버스를 탈지 지하철을 탈지 선택한다. 학교를 마치고 집으로 바로 갈지, 친구들과 놀러갈지 선택한다. 그런데 이런 선택들은 쉬운 선택이다. 왜냐하면, 마음에 부담이 없기 때문이다.

하지만 우리를 어렵고 힘들게 하는 선택들도 있다. 대학교를 어디로 진학해야 할지, 어떤 회사에 취직해야 할지 어떤 사람과 연애를 해야 할지, 이렇게 우리에게 상당히 중요한 선택들이 있다. 그래서 우리는 선택에 후회가 없도록 고민을 많이 하며 가족들과 상의하기도 하며 누군가의 조언을 구하기도 한다.

내가 선택에 대한 이야기를 하는 이유가 있다. 신앙을 가지고 있는 우리는 세상을 살아가면서 반드시 신앙인으로 선택을 해야 할 때가 있기 때문이다. 학교에서 시험을 칠 때 컨닝을 할 것인지 하지 않을 것인지의 선택, 학교 친구들과 술과 담배를 할 것인지 하지 않을 것인지의 선택, 주말에 친구들과 놀러 갈 것인지 주일 예배에 참석할 것인지의 선택, 집에서 컴퓨터로 야동을 볼 것인지 보지 않을 것인지의 선택, 내 마음 안에 일어나는 시기, 질투, 미움, 음란, 교만, 등을 예수님의 은혜로 이겨낼 것인지 또는 순응하며 타협할 것인지의 선택 등 크리스천은 세상에서 하나님의 말씀을 따를 것인지 따르지 않을 것인지를 선택해야 하는 상황에 늘 마주하고 있다.

그렇기에 크리스천은 선택을 잘해야 한다.

당신은 선택을 잘하고 있는가?
그렇다면 현재 당신의 선택은 어떤 기준에 의해 결정되고 있는가?

1. 인간의 인생은 단 한 번뿐임을 기억하라!

> 여호와의 종 눈의 아들 여호수아가 백십 세에 죽으매 무리가 그의 기업의 경내 에브라임 산지 가아스 산 북쪽 딤낫 헤레스에 장사하였고 그 세대의 사람도 다 그 조상들에게로 돌아갔고 그 후에 일어난 다른 세대는 여호와를 알지 못하며 여호와께서 이스라엘을 위하여 행하신 일도 알지 못하였더라 (삿 2:8-10).

말씀을 보면 나이가 들어 여호수아도 죽고 여호수아와 함께했던 윗세대 사람들도 다 죽었다.

여호수아가 누구인가?

여호수아는 모세의 뒤를 이어 가나안 땅 정복 전쟁을 진두지휘하며 이끌었던 하나님의 종이자 이스라엘 백성의 지도자였다. 그랬던 여호수아도 나이가 들어 죽게 된 것이다. 그리고 여호수아의 죽음은 이스라엘 백성에게 큰 아픔이자 슬픔이었다.

혹시 당신은 사랑하는 사람의 죽음을 겪은 적이 있는가?

이 질문은 내가 고등부 학생들과 리더반을 하는데 교재에 나왔던 질문이었다. 이 질문에 대한 답을 학생들과 함께 이야기하고 있는데 남학생 한 명이 이런 말을 했다.

학생: 목사님. 저는 초등학교 6학년 때 어머니께서 혈액암으로 돌아가셨습니다. 어머니께서 돌아가셨을 때 처음엔 그 빈자리를 크게 느끼지 못했습니다. 하지만 학교를 마치고 집으로 돌아왔을 때 반겨주시던 어머니가 안 계셨을 때 너무 슬퍼서 펑펑 울었습니다.

그 말을 듣고 난 뒤 모든 학생은 다 숙연해졌다. 그 남학생에게 그런 아픔이 있다는 것을 나는 알고 있었지만 다른 친구들은 아무도 모르고 있었기 때문이다. 그 남학생은 중3 때 친누나의 전도로 교회에 처음 등록하게 되었고 지금도 열심히 신앙생활을 하고 있다.

예전에 그 남학생과 함께 이야기할 때면 가족 이야기를 할 때 아버지 이야기를 하는 게 많이 이상했다. 그 남학생은 어머니에 대한 이야기는 전혀 하지 않았다. 시간이 지나 그 남학생과 정말 친해졌을 때 어머니가 어떻게 되셨는지 조심스럽게 물어봤다. 그 남학생은 나에게 어머니께서 몇 년 동안 암 투병을 하시다가 초등학교 6학년 때 돌아가셨다고 말했다. 언제나 밝고 활기차서 그런 아픔이 있을지 생각도 못 했는데 많이 놀랐다. 한편으론 씩씩하고 밝게 신앙생활하고 있는 그 친구가 대견스럽기도 했다.

여호수아의 죽음을 보면 영원할 것만 같은 인간의 삶도 결국 끝이 있다는 것을 알 수 있다. 우리의 인생이 영원할 것 같지만 우리의 인생은 단 한 번뿐이다. 흘러간 시간은 다시 돌아오지 않는다. 그리고 우리는 언제 죽을지 모른다. 죽음은 하나님께서 인간에게 정하신 것이며 죽음 뒤에는 천국과 지옥이 우리를 기다리고 있다.

그리고 천국과 지옥은 들어가면 빠져나올 수 없는 영원한 곳이다.

여호수아와 그 윗세대가 죽은 뒤에 한 가지 큰 문제가 생겼다. 여호수아와 그 세대 사람들은 하나님을 알았지만 그 다음 세대는 하나님을 알지 못했던 것이다.

그렇다면 여기서 하나님을 알지 못하며 이스라엘을 위하여 행하신 일도 알지 못했다는 뜻이 무엇일까?

이스라엘 다음 세대들은 여전히 하나님을 섬기고 있었다. 제사를 드리고 절기를 지켰고 하나님께서 자기 조상들을 어떻게 이끌어 오셨는지 들어서 너무나 잘 알고 있었다. 하지만 중요한 것은 그들은 하나님을 경험하지 못했다. 머리로만 하나님에 관해 들어와서 알고 있었지 하나님을 인격적으로 만나지 못했던 것이다.

청소년 사역을 15년 동안 해오면서 제일 많이 만난 아이들은 어릴 때부터 부모님과 함께 교회를 다녔지만 믿음이 없는 아이들이었다. 이 아이들은 어릴 때부터 자기 의사와 상관없이 부모님의 손에 이끌려 교회를 다니고 있는 케이스였다. 아이들은 어릴 때부터 교회에 다녀서 교회를 나오는 것에 대한 거부감은 없었다. 하지만 하나님을 향한 믿음은 전혀 없었다. 그래서 고3을 졸업하고 스무 살이 되면 대부분 교회를 떠나갔다.

아이들이 오랫동안 교회를 다녔음에도 왜 믿음이 없고 20살이 되면 교회를 떠나가는 것일까?

왜냐하면 하나님을 인격적으로 만나지 못했기 때문이다.

얼마 전 고등부 남학생 한 명이 나에게 장문의 카톡을 보내왔다.

목사님. 제가 지금 하고 있는 게 맞는지 모르겠어요.

부모님은 기도를 할 때 은혜를 받는다는데 저는 은혜를 받는다는 것이 무슨 말인지 전혀 모르겠어요.

그리고 기도하면서 응답받는다고 하는데 저는 응답을 받았는지 안 받았는지 잘 모르겠어요.

목사님 제 신앙생활이 잘못되었나요?

잘 모르겠어요. 성경도 읽고, 기도도 하고, 교회도 잘 다니고 하는데 아직 잘 모르겠어요.

어떻게 해야 하죠?

나는 카톡을 보고 그 친구에게 카톡으로 이야기하기에는 너무 중요한 주제라서 직접 만나자고 이야기했다. 우리는 저녁에 함께 만났다. 그 학생은 만나자마자 나에게 이렇게 말했다.

학생: "목사님 저는 은혜받는 게 먼지 모르겠어요. 교회에서 사람들이 기도하면서 눈물 흘리는 게 이해가 안 가요. '어떻게 눈물을 흘릴 수 있지?' 의문점만 제 가슴속에 가득해요. 목사님. 제가 잘못된 건가요?"

나: ○○아 네가 잘못된 게 전혀 아니야. 목사님도 그런 때가 있었단다. 네가 괜찮다면 목사님이 어렸을 때 하나님을 인격적으로 만난 이야기를 해 줘도 될까?

학생: 네 목사님.

나: 목사님은 중학교 수련회 때가 아직도 기억나. 그때 누나, 형들이 저녁 집회 시간에 막 눈물을 흘리면서 기도하는 게 너무 이상해 보여서 혼자 몰래 숙소에 들어가서 자고 그랬거든.

학생: (공감하며) 아 …

나: 목사님도 그 당시에 잘 이해가 가지 않았어. 도대체 왜 우는지 말이야. 그런데 목사님이 예수님을 인격적으로 만나게 되면서부터 달라지기 시작했어. 예수님이 살아계시는 게 믿어지더라고.
그리고 예수님의 마음을 알게 되니까 너무 감사해서 눈물을 펑펑 흘리게 되더라. 목사님은 네가 예수님을 인격적으로 만나기를 간절히 사모했으면 좋겠어. 이제부터 예배 또는 기도회에 참석했을 때 "하나님! 저도 하나님을 인격적으로 만나고 싶습니다. 만나주세요"라고 간절히 기도해 보자.
하나님께서는 하나님을 간절히 찾는 자들에게 반드시 응답하신단다. 네가 하나님께 신호를 보내면 하나님께서 네가 하나님을 부인할 수 없는 신호를 보내 주실거야. 목사님도 너를 위해서 기도할게.

나는 그 학생에게 하나님을 인격적으로 만나는 것이 무엇인지 자세히 이야기해 주었다. 많은 청소년이 어릴 때부터 매주 주일 예배에 참석하고 설교를 듣고 공과 공부를 하면서 하나님이 어떤 분이시며 예수님께서 우리를 위해 어떤 일을 하셨는지 너무 많이 들어왔기 때문에 잘 알고 있다.

하지만 정작 아이들의 삶에 예수님은 전혀 상관이 없는 분이시다. 그 이유는 머리로는 예수님을 누구보다 잘 알고 있지만 예수님을 인격적으로 만나지 못했기 때문에 예수님이 나를 위해 십자가에 죽으시고 부활하셨다는 게 마음에 와닿지 않는 것이다. 나도 누구보다 아이들의 마음이 이해가 간다. 왜냐하면, 나도 아이들처럼 똑같이 모태신앙이면서도 하나님을 인격적으로 만나지 못한 청소년 시절을 보냈기 때문이다.

나는 어릴 때부터 부모님의 신앙으로 교회를 다녔는데 오랫동안 내 마음속에 예수님은 믿어지지 않았다. 오히려 불만과 원망이 가득했다. 특히, 청소년 시절에 나의 자존감은 바닥을 쳤고 하나님을 향한 나의 원망과 불평은 극에 달했다. 심지어 하나님을 저주하기도 했으며 하나님이 진짜 살아계신다면 나와 보라고 말했다. 교회를 다니고 수련회도 참석했지만 여전히 예수님이 나를 위해 십자가에 죽으셨고 부활하셨다는 사실이 믿어지지 않았다.

그랬던 나였는데 열 아홉 살 때 나는 예수님을 인격적으로 만나게 되었다. 내가 예수님을 인격적으로 만났을 때는 수능을 치고 대학 원서 접수를 하면서 어떤 과를 가야 할지 결정하던 시기였다. 불안했던 그 시기에 내가 할 수 있었던 것은 아무것도 없었다. 그때 나는 처음으로 스스로 교회에 나가서 기도했다.

평생 식전 기도 밖에 안 해봤던 내가 기도를 할 수 있는 말은 한마디밖에 없었다.

하나님 도와주세요!

그런데 놀랍게도 하나님의 만지심이 있었다. 일주일 동안 그렇게 교회에 나가서 하나님을 찾았는데 하나님께서는 그런 나의 기도에 응답해 주셨다. 기도를 하는데 내가 죄인이라는 사실이 깨달아졌다. 이제까지 하나님을 원망했던 일, 어머니에게 대들며 욕했던 일, 친구들을 미워했던 일, 하나님께 지었던 모든 죄들이 내 가슴속을 후벼파면서 더 이상 견딜 수 없을 정도로 괴로웠다.

그리고 그때 내 가슴속을 "퍽" 때리는 깨달음이 있었다. 지금까지 평생 들어왔지만 믿기지 않았던 예수님의 십자가 사랑이 생각났고 예수님께서 나를 위해 십자가에 죽으시고 부활하신 사실이 믿어졌다. 나는 눈물을 펑펑 쏟아내며 회개했고 예수님의 사랑에 감사 드렸다. 그 이후부터 나는 완전히 달라졌다.

예수님을 인격적으로 만나기 전에는 내가 어떻게 하면 잘 살고 행복할 수 있을지를 생각했다. 하지만 예수님을 인격적으로 만난 후에는 이렇게 생각이 바뀌었다.

'내가 주님을 위해 무엇을 할 수 있을까?'

그렇게 나는 19살 때 예수님을 인격적으로 만났다.

고등부에서 학기 초에 제자훈련을 하면 보통 1학년에서 2학년 학생들이 대부분이다. 3학년은 이미 나와 한번 제자훈련을 받은 친구들이 대부분이기 때문에 학년 초에 시작하는 제자훈련에 3학년 학생들은 거의 없다. 간혹 한두 명 정도가 있는데 그 친구들은 삼 년 동안 나를 잘 피해 다니다가 마지막에 걸려서 참석한 친구들이다.

이번에도 제자훈련을 하는데 1, 2학년 사이에 3학년 남학생이 한 명 있었다. 그 남학생은 고등부에서 삼 년 동안 수련회와 고등부 행사들을 단 한 번도 참석하지 않고 예배만 왔다 갔다 하는 학생이었다.

> 나: ○○아~ 이번에 수련회 꼭 참석하자.
> 목사님은 네가 수련회 정말 참석했으면 좋겠다.
> 학생: 저는 수련회까지 꼭 참석해야 할 이유를 모르겠어요.
> 나: 아 …

그 학생은 삼 년 내내 수련회도 참석하지 않고 제자훈련도 받지 않았다. 그런데 놀라운 일이 일어났다. 여름 방학이 끝나고 2학기 제자훈련을 새롭게 시작할 때였다. 나는 예배를 마치고 지나가는 그 남학생에게 인사를 하면서 이렇게 말했다.

> 나: 오~ ○○아 안녕! 반갑다. 요즘 잘 지내고 있지?
> 학생: 네, 목사님. 잘 지내고 있어요.
> 나: 이제 졸업이 얼마 안 남았네. 시간 정말 빠르다 그치?
> 학생: 그러니까요. 너무 빨리 지나가네요.
> 나: 아! 맞다. 우리 조금 있으면 제자훈련 하는데 너도 이번에 신청해서 같이 해볼래?
> 학생: 제자훈련이요?

나: 응. 제자훈련.

목사님은 마지막 학기인 만큼 너랑 꼭 제자훈련 했음 좋겠다.

학생: 음 … 네 알겠어요. 제자훈련 할게요.

나: (깜짝 놀람) 오! 그래? 꼭 하기로 했다.

남자는 한 입으로 두말 안 하는 거 알지?

학생: (웃으면서) 네, 하겠습니다.

전혀 생각하지 못했는데 그 친구가 제자훈련을 한다고 말했다. 그렇게 1, 2학년 사이에 혼자 3학년으로 제자훈련을 시작했다. 그런데 그 친구가 생각보다 참석도 빠지지 않고 잘했고 제자훈련 시간에도 적극적으로 참여했다. 그리고 제자훈련에서 내는 숙제 또한 빠짐없이 잘 해왔다.

제자훈련을 한 지 1개월 정도가 지났을 때 제자훈련을 하고 난 뒤 변화된 자기 모습에 관해 함께 나누는 시간을 가졌다. 한 명씩 자기 변한 모습을 이야기하고 그 학생의 차례가 돌아왔는데 그 학생은 아주 놀라운 말을 했다.

학생: 저는 지금까지 교회를 오랫동안 다녀왔지만, 예수님을 믿지 않았습니다. 그냥 어릴 때부터 다녀서 습관처럼 교회에 왔다 갔다 했습니다. 그런데 제자훈련을 하면서 저에게 한 가지 큰 변화가 있었습니다. 목사님께서 제자훈련 시간에 예수님을 의식하자는 말씀을 하셨을 때 제가 평소에 쓰는 언어가 제일 먼저 떠올랐습니다. 학교에 가면

친구들과 이야기할 때 제가 쓰는 모든 언어에는 욕이 들어가 있었습니다. 그래서 저는 목사님 말씀을 듣고 한 가지 결심했습니다. 학교에서 친구들과 이야기할 때 더 이상 욕을 쓰지 않겠다고 말이죠.

그렇게 결심을 하고 학교에 갔는데 저는 아무 말도 할 수 없었습니다. 욕을 하지 않고는 친구들에게 아무 말도 할 수 없을 정도로 제 언어에는 많은 문제가 있었습니다. 그래서 3일 동안 학교에서 아무 말도 하지 못했습니다. 3일이 지난 뒤에야 조금씩 말을 할 수 있었고 지금은 전혀 욕을 하지 않고 있습니다.

나: 우와 대단하다!

쉽지 않았을 텐데 너무 멋진걸!

학생: 네, 정말 어렵더라고요. 그런데 제가 이번에 이상한 경험을 했습니다. 코로나19 때문에 고3들이 다 백신을 맞아야 했습니다.

백신을 맞기 전날 뉴스를 보니까 백신을 맞다가 죽는 사람들이 꽤 나왔다고 하더라고요. 저는 그 뉴스를 보고 백신을 맞는 게 너무 두려워졌습니다. 저도 백신을 맞고 난 뒤 죽는 것은 아닌가 하는 두려움이 강하게 들었습니다. 그래서 저는 백신을 맞고 죽지 않게 해달라고 기도했습니다. 그런데 그때 이상한 일이 일어났습니다. 갑자기 이전에 제가 지었던 죄들이 하나둘씩 기억나면서 눈물이 펑펑 쏟아졌습니다. 그리고 저는 그 자리에서 저의 죄를 용서해달라고 울면서 간절히 회개했습니다. 그렇게 기도하는데 시간이 지나니까 마음에 기쁨과 평안이 가득했습니다.

나: 와~ 대박! 예수님을 인격적으로 만났구나. 할렐루야! 목사님 너무 기쁘다.

그때 네가 기도하면서 깨달았던 그 마음들을 잊지 말고 더욱더 열심히 예수님께 나아가자.

학생: 네 목사님!

그 이후 이 학생은 청년부로 올라갈 때까지 금요 철야부터 시작해서 고등부 토요 기도회까지 열심히 참석하며 신앙생활을 했다. 나중에 학교도 자신이 생각했던 것보다 훨씬 더 좋은 대학교에 진학하게 되었다고 하나님께 감사하다고 고백하는 것도 들을 수 있었다.

나는 다시 한번 더 묻고 싶다.

당신은 하나님을 인격적으로 만났는가?

그렇다면 우리는 어떻게 하면 하나님을 인격적으로 만날 수 있을까?

우리가 하나님을 인격적으로 만나는 유일한 방법은 하나님을 만나겠다는 간절함으로 예배, 말씀, 기도의 자리에 나아가서 하나님의 이름을 간절히 부르짖는 것이다.

간절함으로 하나님께 나아가자. 그럴 때 신실하시며 사랑이신 하나님께서 당신을 만나주실 것이다. 당신이 하나님을 부인할 수 없게끔 만져 주실 것이다. 나는 당신이 하나님을 인격적으로 만나기를 원한다. 나는 당신이 하나님을 바로 알아서 세상의 문화와 가치관을 분별하기를 바란다. 나는 당신이 하나님을 사랑해서 이 땅에서 악을 멀리하며 죄와 피 흘리기까지 싸우는 멋있는 하나님의 백성이 되기를 바란다. 그래서 하나님의 귀한 사람으로 준비되고 쓰임 받는 사람이 되기를 축복한다.

7. 당신은 하나님을 인격적으로 만났나요?

1. 크리스천으로 살아갈 때 어려움과 힘든 점은 없었나요?
   (함께 나눠 봅시다.)

2. 혹시 사랑하는 사람의 죽음을 겪은 적이 있습니까?

3. 여호수아의 죽음을 통해 우리가 알 수 있는 사실은 무엇입니까?

4. 여호수아가 죽고 난 뒤 이스라엘 다음 세대에 큰 문제가 있었습니다. 무엇입니까?

5. 우리는 하나님을 인격적으로 만났습니까?

6. 우리는 하나님을 인격적으로 만나기 위해서 무엇을 해야 합니까?

8

크리스천은 거짓말해도 되나요?
하나님을 속일 수 있나요?
(사울과 사무엘)

목사님, 우리 고등부에 온 거 단 한 번도 후회한 적 없으세요?

이 질문은 내가 예전에 사역하고 있는 고등부에 처음 와서 학생들에게 받았던 질문이다. 화원교회 전임 사역자로 1월에 부임하자마자 많은 일이 나를 기다리고 있었다. 새롭게 올라온 신입생 1학년들을 환영하기 위해 신입생 MT를 준비해야 했고 겨울 수련회도 준비해야 했다.

하지만 그중에 가장 먼저 나를 기다리고 있었던 것은 바로 임원 MT였다. 고등부를 함께 이끌어갈 학생 임원들과 함께 MT를 가는 것이었다. 나에게 임원 MT는 대단히 중요한 일정이었다. 왜냐하면, 임원 학생들과 관계를 어떻게 맺느냐에 따라 앞으로 고등부 생활이 순탄할 것이라 생각했기 때문이다.

임원 MT 당일 나는 아이들과 함께 앞으로 고등부에서 1년 동안 하게 될 중요 행사를 의논했다. 그 후에 피자, 통닭을 시켜서 더 이상 배에 공간이 남아있지 않을 정도로 맛있게 먹었다. 이제 남은 시간은 아이들과 함께 노는 시간이었다. 아이들은 이때를 가장 많이 기다렸던 것 같았다.

나는 속으로 이런 궁금증과 염려가 동시에 일어났다.

'애들이 어떤 게임을 하면서 놀까, 내가 과연 따라갈 수 있을까?'

난 특히 스피디한 게임을 잘못하기 때문에 게임을 같이 하면 내 등짝이 남아나질 않을 것 같았다. 그래서 '게임 조금 하다가 건너편 방에 가서 자야지'라고 생각했다.

그런데 그때 남학생 한 명이 "오늘을 위해 제가 준비한 게 하나 있습니다"라고 말하더니 가방 안에서 이상한 기계(?)를 하나 꺼냈다. 그 기계는 사람의 손 모양을 하고 있었는데 뭐를 할 때 쓰는 건지 도무지 알 수 없었다. 기계를 가지고 온 남학생이 말했다.

> 제가 가지고 온 건 거짓말 탐지기입니다. 여기에 손을 대고 질문을 받은 뒤 예 또는 아니요로 대답하면 거짓말을 했을 때 전기가 나올 겁니다.

나는 그 당시 남학생이 가지고 온 기계가 거짓말 탐지기라는 말에 깜짝 놀랐다. 나중에 안 사실이지만 그 기계는 진짜 거짓말탐지기가 아니라 시중에서 얼마든지 살 수 있는 거짓말 탐지기 장난감이었다.

그 당시 그 사실을 알 리 없던 나는 진짜 거짓말 탐지기인 줄 착각했다. 그리고 긴장하기 시작했다.

'애들이 이상한 걸 물어보면 어떻게 하지?'

누가 질문을 받을지 결정하기 위해서 게임을 했다. 게임을 해서 진 사람이 기계에 손을 올리고 있으면 다른 사람들이 한 가지 질문을 할 수 있었다. 나는 내 인생에 있어서 그때만큼 필사적으로 게임을 했던 적이 없을 정도로 진지하게 게임에 임했다. 왜냐하면, 곤란한 질문을 받고 싶지 않았기 때문이다. 하지만 스피디한 게임에 약한 나는 결국 걸리게 되었고 거짓말 탐지기 장난감에 손을 올린 채 아이들의 질문을 기다리고 있었다.

아이들이 뭘 질문할지 서로 눈치를 보더니 문제의 거짓말 탐지기를 가지고 온 남자애가 손을 들더니 자기가 질문을 한다고 말했다. 그리고는 나를 쳐다보며 이렇게 말했다.

목사님, 우리 고등부에 온 거 단 한 번도 후회한 적 없으세요?

그 남학생이 나에게 물어본 것은 고등부에 왔는데 혹시 후회한 적 없냐는 질문이었다. 나는 그 질문을 듣고 소름이 돋았다. 왜냐하면, 그 당시 나는 고등부에 온 것을 후회한 적이 많았기 때문이다. 더 자세히 말하면 후회는 아니고 이런 염려와 걱정이 있었다.

'과연 내가 여기서 고등부 아이들을 잘 섬기고 지도할 수 있을까?'

처음 화원교회 고등부에서 예배를 드렸을 때 깜짝 놀랐다.

첫째, 아이들이 너무 많았기 때문이다. 고등부 학생만 100명이 넘는 교회는 흔하지 않다. 학생들이 많이 있다는 것을 오기 전부터 알고 있었지만 막상 많은 아이 앞에 서니 긴장이 많이 됐다.

둘째, 아이들이 너무 적극적이었다. 보통 내가 아는 청소년들은 다들 말이 없고, 조용한데 여기 아이들은 말도 잘하고, 상당히 적극적이었다. 고등부에 온 지 얼마 안 됐을 때 여학생 두 명을 처음으로 심방했던 적이 있다.

그때 아이들이 나에게 했던 이 말이 아직도 기억에 생생하다.

목사님, 혹시 설교 잘하세요?
목사님 설교가 좋았으면 좋겠어요.

나는 그 말을 듣고 가슴이 철렁했다. 면전에서 직접 설교를 잘하느냐고 물어보는 아이들이 얼마큼 말씀을 사모하는지 알 수 있었지만, 한편으로 나에게 많은 부담으로 다가왔다. 그렇게 첫날 고등부에서 인사를 하고 집으로 돌아왔을 때 이 아이들을 잘 섬기고 지도할 수 있을에 대한 염려와 걱정이 가득했던 것이다.

그런데 임원 MT 때 그 남학생에게 고등부에 온 걸 후회한 적이 한 번도 없느냐는 질문을 받으니 내 속마음이 들키게 될까 봐 조마조마했던 것이다. 결국, 나는 그 남학생의 질문에 답을 하지 않고 거짓말 탐지기 장난감에서 손을 뗐다.

그리고는 아이들에게 말했다.

목사님이 고등부에서 너희들을 포함해 고등부 학생들을 잘 이끌 수 있을지 걱정과 염려가 많단다. 그렇다고 화원교회 온 건 후회하지 않아. 그런데 목사님 마음과는 다르게 탐지기에 반응이 올 수도 있을 것 같아서 솔직하게 말한다.

아이들은 내 말을 듣고 흔쾌히 알겠다고 말하며 다음 사람으로 넘어갔다. 나는 그 뒤로 더 이상 그 게임에 참여하지 않았다. 아이들이 또 곤란한 질문을 할까 봐 걱정이 됐고 너무 많은 에너지가 빠져나가서 내일 운전을 핑계로 먼저 잠을 청했다.

많은 사람은 진실을 알려고 한다. 사람의 말과 행동이 진실인지 거짓인지 알기 원한다.

만약 다른 사람의 속마음을 알 수 있게 해주는 기계가 생긴다면 얼마나 충격적일까?

그만큼 인간의 속은 알기 어렵다. 아니 불가능하다. 만약 누군가가 나에게 마음먹고 거짓말을 한다면 거기에 속아 넘어갈 수밖에 없다. 하지만 우리가 명심해야 할 사실이 있다. 우리는 누군가를 속이기는 쉬울 수 있지만 하나님을 속일 수 없다는 것이다.

왜 하나님을 속일 수 없을까?

왜냐하면 하나님은 인간의 마음을 알고 계신 분이시기 때문이다.

그런데 성경에 하나님을 속이려고 했던 왕이 있다. 그 왕은 우리가 잘 알고 있는 이스라엘의 초대 왕 사울이다. 사울은 왕이 된 후 하나님을 속이려고 했다.

과연 하나님께서는 사울왕의 거짓말에 어떻게 반응하셨을까?

1. 하나님께서 사울에게 내리신 명령

> 여호와의 말씀이 사무엘에게 임하니라 이르시되 내가 사울을 왕으로 세운 것을 후회하노니 그가 돌이켜서 나를 따르지 아니하며 내 명령을 행하지 아니하였음이라 하신지라 사무엘이 근심하여 온 밤을 여호와께 부르짖으니라(삼상 15:10-11).

하나님께서 사울을 이스라엘의 초대 왕으로 선택하셨다. 그리고 사울에게 한 가지 명령을 내리셨다. 바로 아말렉 민족을 진멸하라는 것이었다. 사울은 하나님의 명령에 순종해서 강하고 못된 아말렉 민족과 전쟁을 했으며 승리했다. 그런데 하나님께서는 사무엘에게 전쟁에서 승리하고 돌아오는 사울을 왕으로 세운 것을 후회한다고 말씀하셨다.

그렇다면 하나님께서는 왜 사울을 왕으로 세우신 것을 후회한다고 말씀하셨을까?

> 만군의 여호와께서 이같이 말씀하시기를 아말렉이 이스라엘에게 행한 일 곧 애굽에서 나올 때에 길에서 대적한 일로 내가 그들을 벌하노니(삼상 15:2).

먼저, 하나님께서 사울에게 아말렉을 진멸하라고 말씀하신 이유는 아말렉이 이스라엘을 대적했기 때문이다. 이스라엘 백성이 애굽에서 나와서 길을 나선 지 얼마 지나지 않았을 때 이스라엘을 쳐들어왔던 민족이 아말렉이었다. 갑작스럽게 쳐들어온 아말렉을 물리치기 위해 여호수아가 전쟁에 나갔고 모세는 산꼭대기로 올라가서 두 손을 들고 하나님께 기도했다.

모세의 손이 내려가면 아말렉이 이겼고 모세의 손이 올라가면 이스라엘이 이겼다. 그래서 그때 모세 옆에 있던 아론과 훌이 모세의 양손을 붙잡고 서 있었고 결국 아말렉의 침략을 이겨냈다. 그때 아말렉의 행동은 하나님의 분노를 샀다. 하나님께서는 모세에게 내가 아말렉을 없이 하여 천하에 기억도 못 하게 하리라고 말씀하셨다.

하나님께서는 그 당시 하나님을 두려워하지 않고 하나님의 백성을 죽인 아말렉의 악한 행동을 기억하셨다. 그래서 오랜 시간이 지났지만 하나님께서는 선지자 사무엘을 통해 사울에게 아말렉을 진멸하라고 하신 것이다.

하나님께서는 하나님을 두려워하지 않는 자들을 심판하신다. 하나님을 두려워하지 않고 하나님을 모른척하며 자기 정욕과 쾌락에 몸을 맡겨 살아가는 사람들에게는 반드시 하나님의 심판이 임하게 될 것이다. 우리는 하나님을 두려워해야 한다. 하지만 사울은 그런 하나님의 말씀에 불순종하며 크게 3가지 죄를 저질렀다.

아말렉 사람의 왕 아각을 사로잡고(삼상 15:8).

첫째, 사울은 아말렉 왕을 죽이지 않고 산 채로 끌고 왔다.

하나님께서는 아말렉의 모든 것을 진멸하라고 하셨지만, 사울은 아말렉 왕인 아각을 살려줬다. 사울이 아각을 죽이지 않고 살려둔 이유는 그 당시 전쟁에서 승리하고 한 나라의 왕을 사로잡게 되면 큰 명성을 얻을 수 있었기 때문이다. 사울은 아말렉 왕인 아각을 사로잡으면 사울 자신이 왕으로서 명예와 명성을 얻게 되는 것을 알고 있었다. 그래서 사울은 아말렉 왕 아각을 산 채로 잡음으로서 왕으로서 명성을 얻으려고 했다.

> 사무엘이 이르되 그러면 내 귀에 들려오는 이 양의 소리와 내게 들리는 소의 소리는 어찌 됨이니까 하니라 (삼상 15:14).

둘째, 사울은 전쟁 후 아말렉의 남겨진 가축 중 좋은 가축은 살려두고 가치 없고 하찮은 가축들만 죽여버렸다.

사울이 좋은 가축들만 살려두고 병들고 하찮은 가축들만 죽인 이유는 이스라엘 백성이 원했기 때문이다. 나중에 전쟁이 끝난 후 사무엘이 사울을 찾아온다. 사무엘이 도착해서 보니까 아말렉과의 전쟁에서 획득한 가축들이 보인다. 사무엘은 사울을 만나자마자 사울에게 이렇게 말한다.

사무엘: 지금 나에게 양과 소의 울음소리가 들려오는데 이게 도대체 어떻게 된 것입니까?

사울: 하나님을 예배하기 위해 좋은 가축들을 남겨 놓았습니다. 그 외에 것은 우리가 다 진멸했습니다.

하지만 이것은 사울의 새빨간 거짓말이었다. 사울이 가축을 살려두었던 이유는 하나님께 제사를 드리기 위해서가 아니라 백성이 두려웠기 때문이다. 백성은 전쟁 후 아말렉의 좋은 가축을 죽이는 것을 아까워했다. 사울은 그 모습을 보고 하나님의 말씀에 순종해서 가축들을 다 죽이다가 백성의 반감을 살 수 있다고 생각했다.

그래서 어떤 묘수가 없을지 고민하다가 기가 막힌 방법을 생각해 냈는데 하나님을 예배하기 위해 가축을 살려뒀다고 말하는 것이었다. 그렇게 되면 사무엘의 눈을 피해 갈 수 있고 백성에게도 여전히 왕으로서의 위엄을 보일 수 있을 것이라 생각했다.

사울이 갈멜에 이르러 자기를 위하여 기념비를 세우고 (삼상 15:11).

셋째, 사울은 전쟁에서 승리한 후 갈멜에서 기념비를 세우고 돌아갔다. 하지만 그 기념비는 하나님을 위해 세운 것이 아니었다.

사울이 기념비를 세웠던 이유는 바로 자신을 위해서였다. 우리는 사울의 3가지 행동을 통해 알 수 있는 사실이 있다. 사울은 자신이 이스라엘의 통치자라고 생각했다. 그래서 전쟁 또한 하나님께서 승리케 하신 것이 아니라 자신이 잘 싸웠기 때문이라고 생각했다. 하지만 이것은 사울의 큰 착각이었다. 왜냐하면, 이스라엘의 진정한 통치자는 하나님이셨기 때문이다.

　사울은 이스라엘 백성과 하나님 사이에서 하나님의 대리자였다. 그래서 사울은 이스라엘 백성이 하나님을 경외하며 살 수 있도록 통치해야 하는 임무를 가지고 있었다. 하지만 사울은 그것을 거부하고 자신이 이스라엘 왕이라고 생각했다. 하나님께서는 그런 사울을 향해 분노하셨으며 사울을 더 이상 이스라엘의 왕으로 삼지 않을 것이라고 말씀하셨다.

　하나님께서는 예수님을 그리스도라 고백하는 모든 사람들에게 사명을 주셨다. 그 사명은 이 땅에서 예수그리스도를 전하며 예수님을 위해 사는 것이다. 우리는 예수님을 믿기 전까지 철저하게 우리 자신을 위해 살아왔다. 모든 초점이 하나님이 아닌 우리에게 맞춰져 있었다. 하나님은 나에게 있어서 부모님의 등쌀에 못 이겨 주일에 한 번 예배를 드리러 갔을 때 생각하는 그런 존재였다.

　하지만 내가 예수님을 믿게 된 그 순간부터 이제 내 삶의 주인은 내가 아닌 예수님이 내 주인이 되신다. 지금까지는 내 삶의 주인은 당연히 나라고 생각하며 살아왔지만 이제 더 이상 내 삶의 주인은 내가 아니다. 바로 하나님이시다. 그래서 하나님의 자녀들은 하나님이 내 삶의 유일한 왕이시며 주인 되심을 감사한 마음으로 인정하게 된다.

　당신은 하나님을 왕으로 주인으로 인정하고 있는가?

　그렇다면 당신의 삶에서 하나님을 왕으로 모시는 증거가 자연스럽게 드러나고 있는가?

2. 하나님 앞에 진실한 사람이 되자

우리는 하나님을 속이려고 해서는 안 된다. 하나님 앞에 진실한 사람이 되어야 한다.

그렇다면 하나님을 속이는 것과 하나님 앞에 진실한 사람이 된다는 것이 구체적으로 무엇일까?

나는 제자훈련을 할 때 아이들에게 질리도록 하는 말이 한 가지 있다.

> 나: 얘들아! 하나님의 말씀은 너희 삶의 몇 순위가 되어야 할까?
>
> 학생들: 에이. 목사님! 저희도 그 정도는 알거든요. 하나님의 말씀은 내 삶의 1순위죠!
>
> 나: 아니야! 틀렸어!
>
> 학생들: 네? 틀렸다고요?
>
> 나: 그래. 하나님의 말씀은 네 삶의 1순위가 아니야. 1순위는 상황에 따라 바뀔 수 있어. 여자친구가 1순위가 될 수도 있고 공부가 1순위가 될 수도 있어.
>
> 그런데 너네 그거 아니?
>
> 하나님의 말씀은 상황에 따라 환경에 따라 바뀌는 것이 아니야.
>
> 하나님의 말씀은 순위를 매길 수 없는 우리의 절대적 기준인 거야.
>
> 꼭 기억하자!
>
> 학생들: 아~ 네. 알겠습니다. 목사님.

하나님 앞에 진실한 사람은 상황과 환경에 상관없이 하나님을 믿고 따르는 사람들이다. 반대로 하나님을 속이려고 하는 사람들은 자기 상황과 환경에 따라 하나님의 말씀을 뒷전으로 생각하는 사람들이다.

사울은 하나님을 이스라엘의 왕으로 인정하지 않고 자신을 이스라엘의 왕으로 생각했기 때문에 자신에게 유리한 상황이 오거나 불리한 상황이 오면 하나님의 말씀을 외면하고 아무렇지도 않게 행동과 말을 바꾸는 사람이었다. 그래서 아말렉 왕 아각을 죽이지 않았으며 좋은 가축들을 죽이지 않았으며 자신을 위해 기념비를 세웠던 것이다. 심지어 사무엘에게는 하나님께 제사드리기 위해 그랬다며 아무렇지도 않게 거짓말까지 했다.

나는 당신에게 묻고 싶다. 오늘 사울의 모습 속에서 우리의 모습을 보고 있지는 않는가?

상황에 따라 환경에 따라 수시로 하나님 앞에서 말을 바꾸고 핑계 대는 사울의 모습이 오늘 우리의 모습 속에 보이지 않느냐는 것이다.

하나님께서 사울을 왕으로 선택하신 이유는 사울이 마음이 낮은 자였기 때문이다. 하나님께서는 사울의 겸손한 마음을 보시고 사울을 이스라엘의 초대 왕으로 삼으셨다. 사울은 왕이 되기 이전에 사람 앞에 하나님 앞에 겸손한 사람이었다. 그래서 그는 하나님의 뜻을 묻고 하나님의 은혜를 구하는 사람이었다. 하나님께서 원하시는 사람은 하나님 앞에 마음이 겸손한 사람을 원하신다. 겸손이야말로 우리가 이 땅을 하나님의 은혜로 살아갈 수 있는 유일한 방법이다.

겸손이란 하나님 앞에 내가 죄인임을 인정하고 엎드리는 것이다. 내 스스로 의롭게 살 수 없음을 인정하고 엎드리는 것이다. 그리고 하나님의 은혜 없이는 내가 살아갈 수 없다고 은혜를 달라고 간절히 부르짖는 것이다.

마지막으로 당신에게 꼭 이 말을 하고 싶다. 하나님을 속이려고 하지 말자. 이미 하나님은 모든 것을 알고 계신다. 나는 당신이 환경과 상황에 상관없이 하나님의 말씀에 순종하기 바란다. 하나님의 말씀이 당신의 삶의 절대적 기준임을 기억하기 바란다.

하나님께서는 교만한 자가 아닌 겸손한 자에게 은혜를 주신다. 내 모습 속에 사울의 모습이 없는지 되돌아보며 회개하며 은혜를 회복하여 예수님과 사랑에 빠지는 당신이 되기를 예수님의 이름으로 축복한다. 우리 다 같이 하나님 앞에 진실한 사람이 되자.

1. 누군가에게 속임을 당하거나 속인 적이 있습니까?(함께 나눠 봅시다.)

2. 하나님께서 사울에게 어떤 명령을 내리셨습니까?

3. 사울이 했던 잘못된 행동 3가지가 있습니다. 무엇입니까?

4. 사울이 아각왕을 죽이지 않았던 이유는 무엇입니까?

5. 사울이 가축을 죽이지 않은 이유는 무엇입니까?

6. 사울이 기념비를 세운 이유는 무엇입니까?

7. 하나님께서 원하시는 사람은 누구입니까?

9

크리스천!
당신은 외모 vs 마음 중에 뭐를 선택할 건가요?
(왕으로 선택받은 다윗)

몇 년 전 첫째 딸을 데리고 친정집에 다녀온 아내가 집에 도착하자마자 씩씩거리며 들어왔다. 표정을 보니 상당히 화가 나 보였다. 평소에 아내는 화를 정말 내지 않는 사람이라 무슨 일인지 걱정이 됐다. 그래서 나는 조심스럽게 아내에게 무슨 일이 있는지 물어보았다.

나: (걱정스러운 표정으로) 당신 표정이 왜 그래? 무슨 일 있었어?

아내: (화남) 말도 마세요. 지하철 타고 오는데 정말 황당한 일이 있었어요.

나: (오버하며 화내듯이) 아니!
어떤 일이 있었길래 당신이 화가 이렇게 많이 났어?
나한테 전화했어야지.

아내: 전화할 정도까지는 아니었어요.

나: 무슨 일인데?

아내: 지하철 타고 집으로 오고 있는데 젊은 여자 두 명이 맞은편에 앉아 있었어요. 그런데 나랑 딸을 번갈아 쳐다보더니 자기들끼리 이렇게 말했어요.

젊은 여자 1: 저기 좀 봐! 엄마 눈은 쌍꺼풀이 있는데 딸은 눈이 엄청 작아.

젊은 여자 2: 야! 딱 보면 모르겠냐?

엄마가 얼굴 뜯어고친 거잖아. 눈 봐봐 눈. 성형한 티 엄청나네.

젊은 여자 1: 그렇지? 어쩐지 이상하다 생각했어. 딸은 눈이 저렇게 작은데 엄마 눈은 엄청 큰 게 말이 안 되잖아. 근데 저렇게 딸이랑 같이 다니면 성형한 티 나서 좀 그렇겠다.

젊은 여자 2: 그러게 말이야. 사람들이 엄마가 성형했다고 다 생각할걸?

아내가 기분이 나쁜 채로 집에 들어왔던 이유는 성형 의혹설 때문이었다. 아내는 태어날 때부터 쌍꺼풀이 있었는데 첫째 딸은 쌍꺼풀이 없었다. 그것을 보고 지하철 맞은편에 앉아 있던 여자 두 명이 아내와 딸의 눈을 비교해가며 아내가 성형을 했다고 말했고 아내는 그 말을 듣고 마음이 울컥했던 것이다.

나에게는 딸이 세 명 있다. 세 명은 각자 성격도 다르고 생김새도 다르다. 그런데 공통점이 한 가지 있다. 세 명 다 쌍꺼풀이 없는 전형적인 동양인 얼굴이다. 다 나를 닮았다.

첫째 딸이 태어났을 때 내가 제일 먼저 확인했던 것은 눈이었다. '딸아, 제발 아빠 눈을 닮지 말고 엄마 눈을 닮아라.' 하지만 첫째 딸은 내 눈을 닮았다. 둘째 딸이 태어날 때 '딸아, 이번만큼은 꼭 엄마 눈을 닮아라.' 하지만 첫째 딸보다 눈이 더 작았다. 셋째 딸이 태어날 때 '딸아, 너만큼은 다르겠지.' 하지만 셋째 딸은 내가 어렸을 때랑 똑같이 생겼다. 어쩌겠는가. 하나님께서 주신 딸들인데. 그래도 나는 딸들이 이쁘고 사랑스럽다.

내가 당신에게 딸들의 눈에 관해 이야기하는 이유가 있다. 많은 청소년들이 외모에 신경을 쓴다. 좀 더 멋있어지기 위해 좀 더 이뻐지기 위해 노력한다. 외모를 잘 가꾸기 위해 자기 시간과 돈을 쏟아붓는 것을 아까워하지 않는다.

1. 청소년에게 외모는 1순위!

나도 청소년 시절 외모에 상당히 신경을 많이 썼던 기억이 있다. 중학교 때까지는 외모에 신경을 많이 쓰지 않았는데 고등학교에 올라오면서부터 외모에 많은 관심을 가지게 되었다. 나는 매일 집에서 부모님 방에 있는 장롱 속 거울을 많이 들여다봤는데 이유는 하나였다. 집에 있는 어떤 거울보다 그 거울 속에 비친 내 모습이 가장 멋있어 보였기 때문이었다.

그런데 나에게는 고등학교 때 심각한 외모 콤플렉스가 한 가지 있었다. 어느 날 여느 때와 마찬가지로 부모님 방에서 거울을 보고 있었는데 나에게 치명적인 결점을 찾아냈다. 그것은 바로 콧구멍의 크기가 서로 다른 것이었다. 지금 생각해 보면 사람마다 얼굴의 좌우 대칭이 완벽한 사람이 없다는 걸 잘 알고 있고 콧구멍 크기가 다르다고 해서 크게 신경도 쓰지 않지만 그 당시 나는 상당히 심각했다.

　콧구멍 크기가 다르다니. 이걸 어떻게 해야 하나 …. 혼자서 며칠을 고민하며 심각하게 생각했던 기억이 있다. 그렇다고 콧구멍 크기가 너무 차이가 나는 것도 아니었다. 아주 자세히 봐야 조금 미세한 정도로 차이가 나는 것이었다. 하지만 그때는 세상이 무너지는 것만 같았다. 그만큼 외모에 관해 많은 신경을 썼다.

　나는 매일 부모님 방에 있는 장롱 속 거울을 들여다보면서 외모에 신경을 썼다. 그런데 나뿐만 아니라 많은 청소년이 외모에 신경을 많이 쓴다. 한 번은 주일예배가 있기 전 토요일에 한 여학생에게 문자가 왔다.

　　여학생: 목사님, 저 내일 예배 때 선글라스를 좀 껴도 되나요?
　　나: 선글라스? 왜 눈병 걸렸어?
　　　　그래그래. 괜찮아. 선글라스 끼고 예배드리자.
　　여학생: (당황) 아 … 그게 아니고요. 저 쌍꺼풀 수술했거든요.
　　　　지금 눈이 너무 부어서 내일 안경 안 끼면 안 될 것 같아서요.
　　나: 아~ 수술했어? 그래. 당연히 괜찮지, 내일 뒤에서 선글라스 끼고 예배
　　　드려. 눈 부었다고 예배 빠지지 말고 알겠지?!
　　여학생: 네. 목사님. 감사합니다.

　그 여학생은 쌍꺼풀 수술을 했는데 주일에 예배를 가려니 눈이 너무 많이 부어서 선글라스를 껴도 되는지 연락을 했던 것이다.

나는 당연히 괜찮다고 말했다. 그 여학생 외에도 다른 여학생들이 쌍꺼풀 수술해서 교회 못 나오겠다고 하면 선글라스 끼면 괜찮으니 예배에 빠지지 말자고 말한다.

또 한 번은 평일날 교회에서 고등부 여학생을 만났다. 그 여학생은 평소에 엄청 활발하고 인사성도 밝은 학생이었다. 그런데 그날따라 너무 어색해하며 나를 계속 피하는 것 같았다. 그 여학생이 나를 피했던 이유를 시간이 지난 뒤에 알게 되었다.

여학생: 목사님, 그때 제가 왜 계속 모자로 얼굴을 가렸는지 아세요?

나: 응? 왜 눈이 많이 아팠어?

여학생: 목사님, (머쓱해하며) 저 매주 교회 올 때마다 쌍꺼풀 테이프 붙이고 와요. …

나: (당황) 아~ 그래? 네 눈이 진짜 눈이 아니었구나. …

여학생: 네. 그래서 목사님 뵙고 쪽팔려서 모자로 가렸던 거였어요.

나: 아~ 그랬구나. …

내가 그 여학생을 고등부에서 처음 만났을 때 항상 짙은 쌍꺼풀이 있어서 눈이 참 크다고 생각했었는데 그게 진짜가 아니었다. 그 여학생은 매주 교회에 올 때마다 쌍꺼풀 테이프를 붙이고 교회에 왔던 것이다.

이렇게 여학생들이 쌍꺼풀 테이프를 붙이기도 하며 심지어 쌍꺼풀 수술을 하는 이유가 무엇인가?

지금보다 내 눈이 더 커졌으면, 그래서 이뻐지길 원하기 때문이다. 남자들은 청소년기가 되면 멋진 몸에 많은 관심을 가진다. 특히, 몸이 좋은 남자들을 보면 부러워하며 자신도 그런 멋진 몸을 만들기를 원한다. 나도 고등학생 때부터 헬스를 시작했는데 그 이유는 몸 좋은 사람들이 너무 부럽고 멋져 보였기 때문이었다. 지금은 몸이 너무나 거대해져 오히려 불편하다. 맞는 옷을 찾는 게 쉽지 않다.

이렇듯 많은 사람이 외모에 신경을 쓴다. 외모가 멋져 보이거나 이쁘면 많은 사람에게 인정을 받는 게 지금 시대이다.

나는 여기서 당신에게 한 가지 묻고 싶은 질문이 있다.

그렇다면 하나님께서는 사람을 보실 때 무엇을 보실까?

하나님께서 사람을 보실 때 그 사람의 외모가 얼마나 예쁘고 잘생겼는지를 보실까?
아니면 그 사람이 얼마나 멋있는 몸매를 가지고 있는지를 보실까?
아니면 그 사람이 어떤 옷을 입고 있는지를 보실까?
하나님께서 사람을 보시고 판단하는 기준은 과연 무엇일까?

하나님께서 사람을 보시는 기준이 무엇인지 아는 것은 우리에게 상당히 중요하다. 왜냐하면, 우리는 하나님의 마음에 들어야 하기 때문이다. 그렇다면 하나님께서 사람을 보실 때 무엇을 보시는지 함께 살펴보도록 하자.

2. 다윗을 왕으로 선택하신 하나님!

> 또 사무엘이 이새에게 이르되 네 아들들이 다 여기 있느냐 이새가 이르되 아직 막내가 남았는데 그는 양을 지키나이다 사무엘이 이새에게 이르되 사람을 보내어 그를 데려오라 그가 여기 오기까지는 우리가 식사 자리에 앉지 아니하겠노라 이에 사람을 보내어 그를 데려오매 그의 빛이 붉고 눈이 빼어나고 얼굴이 아름답더라 여호와께서 이르시되 이가 그니 일어나 기름을 부으라 하시는지라 사무엘이 기름 뿔병을 가져다가 그의 형제 중에서 그에게 부었더니 이날 이후로 다윗이 여호와의 영에게 크게 감동되니라 사무엘이 떠나서 라마로 가니라(삼상 16:11-13).

하나님께서 선지자 사무엘에게 이새의 집으로 가서 그의 아들 중 한 명에게 왕의 기름을 부으라고 말씀하신다. 사무엘은 이새가 살고 있는 베들레헴에 도착해서 이새와 그의 아들들을 초대했다. 이새에게는 총 여덟 명의 아들이 있었는데 이새와 일곱 명의 아들이 사무엘과 함께했고 막내아들 다윗은 양을 치고 있었다. 이새의 아들들이 사무엘이 있는 곳으로 왔을 때 사무엘은 이새의 첫째 아들 엘리압을 보면서 감탄했다.

'아, 하나님께서 선택하신 왕이 여기에 있구나'라는 감탄사를 내뱉을 정도로 엘리압의 외모가 멋있었던 것이다. 그런데 하나님께서 사무엘에게 놀라운 말씀을 하신다.

> 여호와께서 사무엘에게 이르시되 그의 용모와 키를 보지 말라 내가 이미 그를 버렸노라 내가 보는 것은 사람과 같지 아니하니 사람은 외모를 보거니와 나 여호와는 중심을 보느니라 하시더라(삼상 16:7).

하나님께서는 엘리압을 보며 감탄하고 있는 선지자 사무엘에게 이렇게 말씀하신다.

"그의 용모와 키를 보지 말라. 사람은 외모를 보거니와 나 여호와는 중심(마음)을 보느니라."

예전의 나는 사람들 앞에 어떻게 보일지가 상당히 중요했다. 그래서 겉모습을 어떻게 보이는가에 많은 신경을 기울였다. 그때는 그것이 전부라고 생각했다. 그래서 교회를 갈 때 무슨 옷을 입어야 하는지, 어떤 머리 스타일을 하고 가야 하는지가 나에게는 상당히 중요했다.

하지만 하나님께서 사람의 외모를 보는 분이 아니시고 사람의 마음을 보는 분이시라는 영적 사실을 깨달았을 때부터 외모에 대한 콤플렉스와 열등감, 시기심을 내려놓을 수 있었다. 왜냐하면, 하나님께서 나에게 원하시는 것은 내가 얼마큼 멋있게 외모를 꾸미는 것보다 하나님을 향한 간절한 마음을 원하신다는 것을 깨달았기 때문이다.

당신은 현재 외모에 대해 자유하고 있는가?

나는 당신이 사람들에게 잘 보이기보다 하나님께 인정받는 사람이 되기를 바란다. 당신의 마음이 언제나 하나님께 향해 있기를 바란다. 하나님께서는 하나님의 편에 서서 하나님을 위해 일할 자들을 찾고 계신다.

사무엘은 이새의 7명의 아들들을 다 살펴봤지만, 하나님께서 선택하신 사람이 보이지 않았다. 사무엘이 이새에게 여기 있는 아들이 전부냐고 물어보자 이새는 막내아들이 양을 치고 있다고 말했다. 이새의 말을 들은 사무엘은 막내아들이 오기 전까지 식탁에 앉지 않겠다고 말했다. 그러자 이새는 급하게 막내아들 다윗을 불러온다. 드디어 사무엘은 다윗을 만났다.

> 이에 사람을 보내어 그를 데려오매 그의 빛이 붉고 눈이 빼어나고 얼굴이 아름답더라 여호와께서 이르시되 이가 그니 일어나 기름을 부으라 하시는지라 (삼상 16:12).

이새의 막내아들 다윗이 하나님께서 선택하신 이스라엘의 2번째 왕이었다. 다윗은 하나님 앞에 의로운 마음을 가지고 있었다. 하나님께서는 그런 다윗을 주목하셨고 다윗에게 왕의 기름을 부으셨다. 우리는 여기서 중요한 사실을 알 수 있다. 사람은 외모를 보지만 하나님께서는 그 사람 안에 있는 의로운 마음을 보신다. 그런데 여기서 학생 한 명이 나에게 이런 질문을 했던 적이 있다.

학생: 목사님 궁금한 게 있어요.
나: 그래? 말해봐.
학생: 하나님께서 사람의 외모를 보지 않고 사람의 마음을 본다고 하셨잖아요.
나: 그렇지.

학생: 그런데 성경에는 다윗의 외모가 '빛이 붉고 눈이 빼어나고 얼굴이 아름답더라'라고 하고 있잖아요. 성경에서는 왜 다윗의 마음이 아닌 외모에 대해 이야기하고 있을까요? 이해가 안 가요.

나: 아~ 그랬구나.

학생 한 명이 손을 들고 나에게 말한 것은 하나님께서 다윗의 마음을 보셔서 다윗에게 기름을 부으라고 말씀하셨는데 왜 성경에서는 다윗의 외모에 대해 이야기하고 있는지 궁금했던 것이다.

그렇다면 왜 성경은 다윗의 마음에 관해 이야기하지 않고 외모에 관해 이야기하고 있을까?

먼저 빛이 붉다고 했는데 붉은 색깔은 '어리다, 순진하다'라는 이미지를 가지고 있다. 이것은 다윗의 피부가 붉을 정도로 어린 나이임에도 하나님께서 다윗을 선택하셨음을 의미한다. 다시 말해 다윗이 어린 나이임에도 하나님을 사랑했고 하나님께서는 그런 다윗의 의로운 마음을 보셨고 다윗을 선택하셨다는 뜻이다.

그리고 얼굴이 아름답다고 말하는 것은 눈에 보이는 외적인 아름다움을 말하는 것이 아니다. 다윗의 내적인 마음의 아름다움이 외부까지 드러나고 있다는 말이다. 하나님께서는 다윗의 내적인 마음의 아름다움을 알고 계셨다.

나: 빛이 붉다고 한 말은 '어리다', '순진하다'의 뜻을 가지고 있어. 다윗이 하나님께 선택받을 때 아무도 주목하지 않는 어린 소년이었단다.

그런데 하나님께서 왜 다윗을 선택하셨을까?

다윗은 하나님을 사랑하고 경외하는 소년이었단다. 하나님께서는 그런 다윗의 마음을 알고 계셨단다. 그리고 얼굴이 아름답다는 말은 다윗의 외모가 아름답다는 말이 아니야. 다윗의 아름다운 마음이 외부까지 드러나고 있다는 말이지.

실제로 블레셋의 골리앗이 소리치며 하나님과 이스라엘 군대를 모욕하며 1:1 맞짱을 뜨자고 말할 때 이스라엘 군사들이 다들 무서워서 벌벌 떨고 있었잖아. 그때 전쟁터에 나간 형들의 안부를 묻기 위해 온 다윗이 그 모습을 보고 골리앗과 맞서 싸우겠다고 했지.

그렇게 다윗은 하나님을 뜨겁게 사랑했어. 하나님께서는 다윗의 그 마음을 알고 계셨단다. 그래서 다윗을 이스라엘의 2번째 왕으로 선택하신 거란다.

학생들: 와~ 목사님 이제 이해가 됐어요. 감사합니다.

하나님은 사람의 외모를 보지 않으신다. 사람의 마음을 보신다. 다른 사람들이 아무도 주목하지 않아도 하나님만은 알고 계신다. 그리고 하나님께서는 하나님을 향해 의로운 마음을 가진 사람들을 주목하신다. 나는 당신이 그런 사람이 되기를 바란다. 외모에 집중하고 목숨 거는 사람이 아니라 하나님을 뜨겁게 사랑해서 하나님을 위해 살고 싶다고 기도하는 사람이 되기를 바란다.

9. 크리스천! 당신은 외모 vs 마음 중에 뭐를 선택할 건가요?

1. 자기의 외모로 겪은 해프닝이 있습니까?(함께 나눠 봅시다.)

2. 자기의 외모 콤플렉스는 무엇입니까?

3. 하나님께서는 이새의 첫째 아들 엘리압을 보면서 감탄하는 사무엘에게 뭐라고 말씀하셨습니까?

4. 하나님께서 다윗을 왕으로 선택하신 이유는 무엇입니까?

5. 성경에서는 다윗의 외모가 빛이 붉고 눈이 빼어나고 얼굴이 아름답다고 말합니다. 무슨 뜻일까요?

10

크리스천은 거룩한 분노를 품는 사람입니다!
(다윗 VS 골리앗)

당신은 '계란으로 바위 치기'라는 사자성어의 뜻을 알고 있는가?

이 뜻은 하찮은 힘으로 도저히 대적할 수 없는 상대에게 도전한다는 것을 이르는 말이다. 거대한 바위를 어떻게든 깨부수려고 노력하지만 내 힘과 실력으로는 역부족이라는 뜻이다.

당신도 '계란으로 바위 치기'와 같은 경우를 겪은 적은 없는가?

나에게는 깨고 싶어도 깨지지 않는 군건한 바위가 있다. 바로 '99킬로그램'이다. 나는 평소 몸무게가 105-110킬로그램 사이에 있다. 보디빌더 헤비급을 준비하면서 110킬로그램까지 살을 찌웠는데 문제는 더 이상 예전 몸무게로 돌아오지 않고 있다.

그래서 나는 예전의 몸무게로 돌아가기 위해 매일 다이어트를 한다. 그런데 신기한 것은 마음을 독하게 먹고 열심히 다이어트를 해서 100킬로그램까지 빼면 다시 몸무게가 올라가기 시작한다. 그리고 예전으로 되돌아간다.

도대체 나에게는 왜 99킬로그램이 거대한 바위처럼 다가올까?

왜 그런지 곰곰이 생각해 봤더니 100킬로그램이 되면 몸무게를 빼야겠다는 마음이 슬슬 약해지기 때문이다.

> 드디어 조금만 더 빼면 두 자리 숫자가 될 거야. 이제 조금씩 천천히 가자. 먹을 것도 좀 먹으면서 말이지.

그렇게 조금씩 먹는 양을 늘리고 운동하는 양을 줄이다 보면 결국 100킬로그램에서 원래의 몸무게로 올라가기 시작한다. 그래서 나에게 99킬로그램은 깨지지 않는 거대한 바위로 남아 있다. 나는 당신에게 묻고 싶다.

당신이 아무리 두드려도 깨지지 않는 바위가 있는가?
그렇다면 그 바위는 무엇인가?
예전에 제자훈련을 하면서 기도 제목을 함께 나누고 있을 때였다. 친구 한 명이 간절한 표정으로 이런 기도 제목을 부탁했다.

학생: 목사님! 저 정말 간절한 기도 제목이 있어요!

나: (놀람) 그래? 무슨 일 있어?

학생: 네! 이번에 금요일날 수학시험을 쳤잖아요. 그런데 제가 풀었던 문제 중에 정답을 뭘로 했는지 기억이 잘 안 나는 문제가 있어요. 시험이 끝나고 나중에 확인해 봤더니 정답이 3번이더라고요.
분명히 제가 아는 문제인데 제가 3번을 마킹했는지 잘 모르겠어요. 꼭 3번으로 마킹했길 기도해 주세요.

나: (안타까움) 아이고 … 알겠어. 점수에 스트레스 받지 않도록 마음을 지켜 달라고 기도할게.

학생: 네. 감사합니다.

이게 무슨 말이냐고 하면 한 학생이 중간고사 때 수학 시험을 쳤는데 수학시험 1문제에서 자신이 마킹 한 답이 꼭 정답으로 마킹했기를 바라는 그런 내용이었다. 그런데 그 학생이 기도 제목을 내면서까지 그렇게 간절했던 이유가 있었다. 그 문제가 5점짜리 문제였기 때문에 그 문제를 맞히게 되면 수학 2등급에서 1등급으로 올라가게 되는 아주 중요한 순간이었다.

그래서 정답이 3번인데 꼭 자신이 3번을 마킹했길 간절히 바라는 마음에서 기도해달라고 부탁했던 것이다. 많은 학생에게 성적은 넘어설 수 없는 거대한 바위처럼 다가온다. 수학 1등급을 받기 위해 학원도 가고 밤늦게까지 공부하며 수많은 계란을 수학 1등급 바위에 던져 보지만 현실은 깨지지 않는 거대한 철옹성처럼 굳건하다.

제자훈련 때 자신에게 거대한 바위처럼 다가오는 것이 뭐가 있는지 함께 나누는 시간을 가졌다. 그때 남학생 한 명이 손을 들더니 자신에게 다가오는 거대한 바위에 관해 이렇게 말했다.

나: 얘들아. 학교에서 너희가 크리스천으로 겪는 어려움이 뭐가 있는지 함께 나눠보자.

학생: 목사님. 저부터 이야기할게요.

나: 오. 그래 OO아. 이야기해 보렴!

학생: 네. 목사님 제가 얼마 전에 학교를 마치고 친구들이랑 집으로 가는데 친구들이 저랑 갈 곳이 있다고 하면서 같이 가자고 하더라고요. 이제 사귄 지 얼마 안 된 친구들이라서 같이 친해지기도 싶고 해서 따라갔는데요. 얘들이 하나같이 다 담배를 들더니 피더라고요.

나: 아~ 그랬구나. 네가 많이 힘들었겠네.

학생: 네. 저도 예전에 담배를 피워봐서 그 맛을 알아서 정말 견디기가 힘들었어요. 그때 친구 한 명이 저한테 그러더라고요.

너도 한 대 피우라고. 그래서 제가 교회 다닌다고 안 핀다고 했어요. 그런데 그 말을 들은 그 친구가 저한테 교회가 너한테 밥 먹여 주냐고 담배 한 대 피우는 게 어때서 그러냐면서 막 욕을 했어요.

그 친구 말을 듣고 순간 저도 화가 나서 뭐라고 하고 싶었지만 서로 싸울 것 같아서 참았습니다. 나중에는 그 친구가 자신이 심했다고 사과하더라고요.

나: 아~ 그랬구나. 네가 많이 힘들었겠네. 잘 참았다.

학생: 네. 목사님. 그런데 정말 너무 힘들어요. 학교에서 친구들이 점심시간이나 학교 마치고 담배를 피울 때 유혹이 너무 심하게 옵니다. 지금은 잘 참고 있는데 앞으로 계속 참을 수 있을지 모를 정도로 힘들어요. 기도해 주세요. 목사님.

나: 그래. 알겠어. 지금까지 잘 참아왔고 앞으로도 넌 잘할 수 있을 거야. 기도할게.

그 학생은 중학생 때까지 담배를 아주 열심히 피던 친구였다. 그런데 고등학교에 올라와서 수련회 때 은혜받고 더 이상 담배를 피우지 않겠다고 결단했다. 하지만 학교에 가서 친구들이 담배 피우는 모습을 보니 자신도 피고 싶어졌다. 그래도 참아보겠다고 나름 열심히 참았는데 그 모습을 본 친구들이 함께 담배를 피우자고 유혹했다. 그 친구는 친구들의 유혹에 그 순간 담배를 너무 피우고 싶었지만 가까스로 참아냈다. 하지만 담배를 피우는 친구들을 볼 때마다 자신도 담배를 너무 피우고 싶다는 유혹에 힘들다고 말했다.

이것은 이 남학생만의 어려움은 아니다. 많은 친구가 세상을 살아갈 때 거대한 바위처럼 나에게 다가오는 문제들과 현실에 힘들어 발버둥을 치고 있다.

그렇다면 우리는 우리의 삶에 두려움으로 다가오는 거대한 바위를 어떻게 깨부술 수 있을까?

1. 골리앗 VS 다윗!

> 다윗이 블레셋 사람에게 이르되 너는 칼과 창과 단창으로 내게 나아 오거니와 나는 만군의 여호와의 이름 곧 네가 모욕하는 이스라엘 군대의 하나님의 이름으로 네게 나아가노라 오늘 여호와께서 너를 내 손에 넘기시리니 내가 너를 쳐서 네 목을 베고 블레셋 군대의 시체를 오늘 공중의 새와 땅의 들짐승에게 주어 온 땅으로 이스라엘에 하나님이 계신 줄 알게 하겠고 또 여호와의 구원하심이 칼과 창에 있지 아니함을 이 무리에게 알게 하리라 전쟁은 여호와께 속한 것인즉 그가

너희를 우리 손에 넘기시리라(삼상 17:45-47).

오늘 당신과 함께 살펴볼 대결이 있다. 골리앗과 다윗의 대결이다. 골라앗과 다윗의 대결은 누가 봐도 계란으로 바위 치기인 것처럼 보인다. 하지만 결국 다윗의 승리로 끝이 난다.

그렇다면 다윗은 거대한 바위인 골리앗을 어떻게 이겨낼 수 있었을까?

먼저 그 당시 블레셋 민족은 이스라엘 백성에게 최대 강적이자 원수였다. 이스라엘과 블레셋은 항상 피나는 전투를 벌여왔다. 그날도 블레셋 사람들이 이스라엘과 싸우기 위해 군사를 모으고 쳐들어와 진을 쳤다. 그래서 블레셋을 막기 위해 이스라엘의 수많은 젊은이가 전쟁터로 모이게 되었는데 이 전투엔 다윗의 3명의 형들도 참전해 있었다.

전쟁이 일어난 지 얼마 지나지 않아 다윗의 아버지 이새는 전쟁터로 떠나보낸 3명의 아들이 무사한지 걱정이 되었다. 그래서 이새는 막내아들 다윗에게 전쟁터로 가서 형들이 무사히 있는지 살펴보고 오라고 말했다.

드디어 다윗이 전쟁터에 도착했다. 다윗은 도착하자마자 형들에게 가서 안부를 물었다. 그때 갑자기 블레셋 진영에서 큰 소리가 들려왔다. 큰소리의 주인공은 블레셋의 용사 골리앗이었다. 그는 이스라엘 진영을 향해 "이스라엘에서 나와 1:1로 싸울 사람이 어디 있느냐"라며 싸워서 지는 쪽이 이기는 쪽의 종이 되자고 도발했다.

그런데 놀라운 것은 그런 골리앗을 보고 이스라엘 군사들이 분노하기는커녕 다들 너무 두려워서 그 앞에서 도망쳤다.

도대체 골리앗이 얼마나 대단하길래 이스라엘의 용맹한 군인들이 두려워서 도망갈 정도였을까?

당시 골리앗의 키는 여섯 규빗 한 뼘이었다. 한 규빗은 당시 손끝에서 팔꿈치까지의 길이였다. 그래서 한 규빗이 약 45센티미터라 치면 골리앗의 키는 약 3미터 정도 되었다. 그뿐만이 아니었다. 골리앗은 머리에 놋 투구를 썼으며 몸에는 비늘 갑옷을 입었는데 갑옷의 무게가 놋 오천 세겔이었다. 이것을 지금의 무게로 계산하면 골리앗은 약 60킬로그램 정도 되는 갑옷을 입고 있었다. 그리고 골리앗이 가지고 있었던 창 날의 무게는 무려 7킬로그램이나 되는 말 그대로 괴물 같은 사람이었다.

이런 골리앗이 나와서 맞짱을 뜨자고 위협하는데 누구 하나 자신 있게 나가는 사람이 없었다. 골리앗이 하나님과 이스라엘 군대를 모욕하고 있음에도 그 누구 하나 용감하게 나서는 사람이 이스라엘엔 단 한 사람도 없었다. 오히려 이스라엘 백성은 엄청 두려워하며 골리앗 앞에서 도망쳤다.

하지만 여기서 단 한 명만은 골리앗의 조롱에 분노했다. 그 사람은 바로 다윗이었다. 다윗은 골리앗을 보고 두려워 도망치지 않았다. 오히려 다윗은 하나님의 군대를 모욕하는 골리앗을 보고 분노한다. 그리고 다윗은 골리앗과 싸우기 위해 나아간다. 여기서 한 가지 궁금한 것이 있다.

도대체 다윗의 자신감은 어디에서 나온 것이었을까?

왜냐하면 다윗은 전쟁은 하나님께 속했으며 다윗이 섬기는 하나님께서 다윗과 함께하고 계심을 확신했기 때문이다. 하나님께서 함께하시니 골리앗이 골리앗으로 보이지 않는다. 그래서 자신 있게 "오늘 하나님께서 너를 내 손에 넘기실 것이다. 너희가 아무리 좋은 칼과 창을 가지고 있어도 전쟁은 하나님께 속한 것이기에 너희는 우리의 밥이다"라고 말하는 것이다. 그 이후 다윗은 물매로 골리앗의 이마를 정확하게 가격하고 골리앗을 쓰러뜨린다.

2. 하나님은 거룩한 분노를 품을 수 있는 사람을 찾고 계신다.

하나님의 이름이 더럽혀지는 것에 분노하는 다윗을 보면서 우리가 알 수 있는 한 가지 사실이 있다. 이스라엘 진영에는 하나님을 믿는 수많은 젊은이가 있었다. 하지만 하나님의 이름이 골리앗에 의해 짓밟히고 더럽혀지고 있음에도 아무도 나서지 않았다. 하나님을 사랑해서 거룩한 분노를 품고 맞짱을 신청한 용기 있는 사람은 오직 다윗 하나뿐이었다. 다윗은 아무도 주목하지 않았던 평범한 목자 인생을 살아가는 소년이었다.

그렇다면 도대체 다윗은 다른 사람들과 뭐가 달랐던 것일까?

왜냐하면, 다윗은 하나님을 위해 거룩한 분노를 품는 사람이었기 때문이다. 다윗은 이 전쟁을 자기 입장에서 생각하지 않았다. 그는 하나님의 입장에서 철저히 생각했다.

그래서 다윗은 "골리앗이 뭔데 우리 하나님과 하나님의 군대를 욕하고 있느냐"라며 분노할 수 있었다. 그리고 하나님께서는 이런 다윗을 통해 골리앗을 물리치고 전쟁을 승리케 하셨다.

그렇다면 거룩한 분노를 품는다는 것은 과연 무슨 뜻일까?
거룩한 분노를 품는다는 것은 하나님의 말씀과 반대되는 죄로 물든 세상을 향해 정죄하라는 말일까?
아니면 세상 속에서 한 마리의 고고한 학처럼 혼자 거룩하게 살라는 말일까?

거룩한 분노를 품는다는 것은 세상 속에서 하나님의 말씀이 무시되는 곳에서 하나님의 마음으로 그들을 품고 그곳에서 거룩하게 살아가는 것이다. 거룩한 분노를 품는답시고 세상을 향해 이웃을 향해 정죄하지 마라. 오히려 하나님 사랑의 마음을 품고 하나님의 말씀을 가지고 그곳으로 가서 거룩하게 살아가라. 그럴 때 당신의 삶을 통해 하나님의 사랑이 흘러가게 될 것이다.

얼마 전 여학생 한 명이 나에게 와서 이렇게 말했다.

여학생: 목사님 드릴 말씀이 있어요.
나: 응. (웃으면서) 말해봐.
여학생: 네 목사님. 반에서 친구들과 어울리지 못하는 친구가 한 명 있어요. 학기 초부터 상당히 내성적이더라고요. 아무도 그 친구에게 다가가

지 않더라고요. 매일 밥도 혼자 먹으러 다니고 쉬는 시간에도 혼자 앉아만 있었어요. 저는 그 모습을 보고 그 친구를 향해 몇 번 말을 걸면서 이야기했는데 그 친구가 마음을 열지 않더라고요.

그런데 하루는 점심시간에 밥을 다 먹고 반에 들어갔는데 반 뒤쪽에서 한 무리의 친구들이 모여서 이야기를 하고 있었어요.

그 이야기의 주제는 평소에 혼자 다니고 있는 친구였어요.

학생 1: 야. 쟤 있잖아. 엄마, 아빠 이혼했다고 하더라.

학생 2: 그래? 그래서 매일 저렇게 우울한 표정으로 혼자 다니는 거야?

학생 3: 야. 말은 똑바로 해야지 우울한 표정이 아니라 생긴 거부터가 우울하게 생겼잖아.

학생 4: (웃으면서) 맞네 맞아. 어휴. 불쌍하네! 엄마 아빠도 이혼하고 학교에서는 왕따고 불쌍하네! 불쌍해.

여학생: 학생들이 옹기종기 모여서 그 여학생을 흉보고 있었어요. 엄마, 아빠가 이혼했다느니, 얼굴이 우울하게 생겼다느니, 그 친구를 놀리고 있었어요. 그런데 그 친구가 앉아있는 거리가 가까웠기 때문에 어쩌면 그 친구에게도 다른 아이들이 하는 이야기가 들릴 수도 있겠다는 생각이 들었어요.

그때 저는 이건 정말 아니다 싶은 거예요. 그 뒤부터 용기를 내서 그 친구에게 가서 말을 걸었어요. 처음에는 그 친구가 밀어내더라고요.

그래도 저는 포기하지 않고 계속 말을 걸었어요. 매일 아침에 보면 인사도 하고요. 그렇게 며칠이 지나니까 그 친구가 저한테 할 말이 있다고 하면서 불러냈어요.

왕따 학생: 저기 있잖아. 네가 나한테 말 걸고 하는 게 너무 부담스러워. 그냥 나 혼자 지내게 내버려뒀으면 좋겠어.

여학생: 음 … 그래? 네 마음도 잘 알겠어. 난 다른 뜻이 있어서 그런 게 아니고 너랑 친해지고 싶어서 그랬던 거야. 네가 부담 느꼈다면 정말 미안해. 그래도 난 너랑 친해지고 싶어.

왕따 학생: 왜? 아무도 나랑 말을 안 해줬는데 … 넌 왜 계속 나한테 말을 거는 거야?

여학생: 그냥. 친해지고 싶은데 다른 이유가 있겠니? 알아가고 싶고 친해지고 싶은 그런 마음밖에 없어.

왕따 학생: 음 … 알겠어. 말해줘서 고마워

여학생: 그렇게 이야기가 끝나고 그 다음날 놀라운 일이 일어났어요. 그 친구가 제 인사를 받아주는 거예요. 그리고 제가 말도 걸면 대답도 하고요. 지금은 서로 많이 친해졌어요. 제가 친하게 지내는 친구들한테도 소개해 주고 함께 이야기도 하고 잘 지내고 있어요. 나중에 들어보니까 엄마, 아빠가 이혼해서 너무 마음이 힘들어서 웃으면서 지낼 수가 없었다고 하더라고요. 그래도 저 덕분에 마음이 한결 편해졌다고 하면서 너무 고맙다고 이야기해 줬어요.

나: 와우! 너 너무 멋진 거 아니냐?

지금 네 모습을 보면서 하나님께서 참 기뻐하실거야.

목사님도 이렇게 기쁘고 대견스러운데, 하나님께서 널 보시면서 얼마나 사랑스러워하실까?

너무 수고했고 잘했고 앞으로도 담대하게 하나님의 사랑을 전하는 네가 되길 바란다.

참. 그리고 목사님 이 이야기 책에 써도 되지?

여학생: 에이, 부끄럽게 뭘 이런 걸 쓰시려고 하세요 …

뭐 목사님 괜찮으시면 쓰셔도 돼요.

나: 그래. 고맙다.

이것이 바로 하나님의 거룩한 분노 즉 마음을 품고 살아가는 모습이다. 하나님의 사랑을 필요로 하는 곳에서 하나님의 사랑이 흘러갈 수 있도록 살아가는 것. 당신도 그런 사람이 되기를 축복한다.

하지만 때로는 세상의 불합리함에 맞서야 할 때도 있다. 하나님께서 원하시지 않는 일들이 내 주변에서 일어날 때 당신은 적극적으로 그 불합리함에 맞서야 한다. 얼마 전 몇몇 고등부 친구들이 나에게 와서 이렇게 말했다.

학생들: 목사님. 저희 큰일 났어요.

나: 뭐?(놀람) 무슨 일이야?

학생들: 오늘 과학 선생님이 학교에서 과제를 주셨는데요.

창조론에 찬성하는지, 진화론에 찬성하는지 그리고 왜 찬성하는지 조사해서 오래요. 그래서 창조론에 찬성하는 친구들이랑 진화론에 찬성하는 친구들끼리 토론을 할 거래요.

나: 음 … 그랬구나. 너희들 많이 당황했겠네.

학생 1: 목사님. 저 어떻게 하죠?

나: 응? 왜?

학생 1: 저 반에서 창조론 할 사람 손들라고 했는데 저만 손을 들었어요. 저 빼고 아무도 교회를 안 다녀요. …

나: 헉! 이런 … 너무 걱정하지 마. 잘 준비해 보자.

학생 1: 네. 목사님.

학교 과학 시간에 선생님이 한 가지 과제를 내줬는데 창조론이 맞는지, 진화론이 맞는지 왜 찬성하는지 조사해 와서 서로 토론배틀을 한다는 것이었다. 반에서 교회를 다니는 친구들이 소수여서 반 전체 아이들을 상대로 토론을 준비해야 하는 부담감이 있었다. 다들 너무 걱정하고 있어서 여러 자료를 찾아서 잘 준비하자고 격려하며 위로했던 기억이 있다.

만약 이런 순간 우리는 어떻게 해야 하는 것이 정답일까?

당연히 이것을 기회 삼아 창조론과 진화론에 관해 열심히 공부해서 창조론이 왜 옳은 것인지 진화론이 왜 성립이 될 수 없는 것인지 밝혀내는 귀한 시간이 될 수 있다.

그러나 소수의 입장에서 아이들과 토론하는 것이 싫고 두려워서 교회 다니는 것을 밝히지 않고 몰래 진화론에 찬성하는 무리에 껴 있다면 이런 모습이 골리앗이 무서워서 숨어 있는 사울과 이스라엘 백성과 다를 바 없는 모습이지 않겠는가?

다윗이 하나님을 대신해서 거룩한 분노를 쏟아냈던 것처럼 당신도 거룩한 분노를 쏟아내자. 그 거룩한 분노는 누군가를 정죄하는 것이 아니라 하나님의 사랑을 품고 그 사랑이 흘러가도록 세상 속에서 살아가는 것이며 때로는 세상의 유혹과 어두운 죄악에 맞서 담대하게 싸워나가는 것임을 명심하자.

당신은 꼭 기억하라. 하나님께서는 오늘도 다윗처럼 하나님의 편에 서서 거룩한 분노를 품을 수 있는 사람들을 찾고 계신다. 하나님의 편에 서서 하나님을 위해서 일할 사람들을 찾고 계신다. 내 형편과 상황보다 하나님의 말씀을 더 우선시해서 순종하는 사람들을 찾고 계신다. 하나님의 마음을 품고 세상을 향해 나아가자. 하나님께서 당신을 준비시키시며 사용하실 것이다.

생각하기

1. 자기가 아무리 깨부수려고 해도 깨지지 않는 굳건한 바위는 무엇입니까?(함께 나눠 봅시다.)

2. 골리앗의 특징에 관해 말해 봅시다.

3. 다윗이 골리앗과의 싸움에 나갔던 이유는 무엇입니까?

4. 하나님께서는 오늘도 다윗처럼 "＿＿＿＿＿＿＿＿" 한 사람을 찾고 계십니다.

5. 거룩한 분노를 품고 살아간다는 것은 정확하게 무슨 뜻입니까?

11

크리스쳔은 하나님을 항상 의식하는 사람이어야 합니다
(다윗 VS 사울)

몇년 전 교회에서 퇴근을 하고 집으로 돌아왔다. 가방을 정리하고 있는데 내 책상 위에 종이 한 장이 올려져 있었다.

뭔가 싶어서 자세히 살펴보니 그 종이에는 구구단이 7단부터 9단까지 적혀 있었다. 누가 이 종이에 구구단을 적었을까?

종이의 주인공이 누구인지 곰곰이 생각해 보니 며칠 전부터 구구단을 열심히 외우고 있는 첫째 딸이 생각났다. 아마 첫째 딸이 내 책상에서 구구단을 열심히 외웠던 것 같았다. 나는 아내에게 물었다.

나: 아내. 책상 위에 종이 누가 쓴 거야?

아내: 종이? … 아~ 그 종이 첫째 딸이 쓴 거예요.

나: 그래?

아내: 내일 학교에서 구구단 시험을 치는데 7단부터 9단까지 어렵다고 공부하나 봐요. 잘 안 외워지는 가봐요.

나: 그렇구나. …

책상 위에 구구단이 적힌 종이는 내 예상대로 첫째 딸의 흔적이었다. 첫째 딸은 내일 있을 구구단 시험을 대비해 내 책상에 앉아서 공부했던 것이다. 구구단이 7단부터 9단까지만 적힌 것을 보니 첫째 딸이 외우기 힘들어하는 부분이 7단부터 9단까지인 것을 알 수 있었다. 그렇게 다음날이 되었다. 퇴근을 하고 다시 집으로 돌아왔을 때 첫째 딸은 흥분한 채 씩씩거리며 나에게 말했다.

딸: 아빠! 나 오늘 너무 화가 나는 일이 있었어요.

나: 응? 뭔데 무슨 일이야?

딸: 학교에서 오늘 구구단 시험을 쳤거든요.

나: (모르는 척) 아! 그랬어?

딸: 응 아빠. 학교에서 선생님이 제일 어려운 7단부터 9단까지 낼 것 같아서 열심히 외웠는데요.

나: 응. 그래서?

딸: 근데 선생님이 6단 내셨어! 정말 화나!

나: 6단? … 그럼 다 맞혔겠 … 잠시만 너 6단 외우고 있는 거 아니었어?

딸: 아니지. 난 7단부터 9단이 어려우니까 거기서 나올 줄 알았지. 6단도 헷갈려 아빠.

나: 아 … 그랬구나. …

딸은 자기 딴에 시험이 7단부터 9단까지 나올 줄 알고 열심히 공부했는데 6단이 나와버려서 화가 났던 것이다. 나는 딸이 당연히 6단까지 다 외워서 헷갈리는 7단-9단을 외운 줄 알았는데 그게 아니었던 거다. 나는 웃음이 나왔으나 심각한 표정을 짓고 있던 첫째 딸 앞에서 웃었다간 오히려 화를 부채질하는 것 같아 웃음을 꾹 참았다.

당신은 첫째 딸의 모습을 보면서 어떤 생각이 드는가?

인생을 살아가는 우리의 모습과 너무 겹치는 부분이 많지 않는가?

우리는 신앙생활을 하다 보면 수많은 상황에 맞닥뜨리게 되며 무엇이 가장 최선의 선택일지 고민하며 정답을 찾는다. 당신에게도 말 못할 고민과 문제들로 속을 애태우며 밤잠을 설치며 고민한 적이 있을 것이다. 그럴 때 우리는 어떻게 하는 것이 정답인지 무엇이 옳고 그른 것인지 나에게 가장 최선의 길이 무엇인지 고민하며 답을 찾는다.

무엇이 정답일까?
어떻게 하는 것이 가장 최선의 길일까?
우리는 어떤 선택을 해야 할까?

1. 다윗은 왜 사울을 죽이지 않았을까?

다윗과 아비새가 밤에 그 백성에게 나아가 본즉 사울이 진영 가운데 누워 자고 창은 머리 곁 땅에 꽂혀 있고 아브넬과 백성은 그를 둘러 누웠는지라 아비새가 다윗에게 이르되 하나님이 오늘 당신의 원수를 당신의 손에 넘기셨나이다 그러므로 청하오니 내가 창으로 그를 찔러서 단번에 땅에 꽂게 하소서 내가 그를 두 번째를 것이 없으리이다 하니 다윗이 아비새에게 이르되 죽이지 말라 누구든지 손

> 을 들어 여호와의 기름부음 받은 자를 치면 죄가 없겠느냐 하고다윗이 또 이르되 여호와께서 살아 계심을 두고 맹세하노니 여호와께서 그를 치시리니 혹은 죽을 날이 이르거나 또는 전장에 나가서 망하리라 (삼상 26:7-9).

당시 다윗은 사울왕에 의해 이스라엘에 전국적으로 수배령이 떨어진 상태였다. 사울왕의 목적은 오직 다윗을 죽이는 것이었다. 사울왕은 다윗을 죽이기 위해서라면 수단과 방법을 가리지 않았다.

사울왕은 다윗에게 칼과 떡을 주었다는 이유로 놉에 살고 있는 제사장들 85명을 다 죽이고 심지어 젖먹이 아이들과 나귀와 양까지 칼로 죽였다. 사울왕은 다윗을 죽이는 데 누군가 방해가 된다면 인정사정 볼 것 없이 처단했다. 그렇게 다윗을 향한 사울왕의 집착과 광기는 날이 갈수록 심해졌다.

그렇다면 사울왕의 신복이자 충신이었던 다윗이 하루아침에 사울왕의 대적이 되어 쫓기고 있는 이유가 무엇인가?

그것은 순전히 사울왕의 시기와 질투에서 비롯된 것이었다. 다윗은 골리앗을 물리침으로 한순간에 이스라엘의 전쟁 영웅으로 떠올랐다. 그리고 사울왕의 충실한 신하가 되어 어디를 가든지 지혜롭게 일을 처리했고 백성의 사랑을 받았다. 사울왕은 그런 다윗을 시기했고 그 시기는 결국 증오가 되어 다윗을 죽이려고 했던 것이다. 무엇보다 사울왕은 하나님께 버림받았기 때문에 호시탐탐 그다음 왕이 누가 될 것인지 주목하고 있었다.

다윗은 가까스로 사울왕을 피해 달아났다. 그리고 계속해서 죽음의 위협 속에 하루하루를 살아가야 했다. 그렇게 수년이 지났을 때 어느 순간 다윗 주변에는 다윗과 함께하는 600명의 사람이 있었다. 다윗은 한 무리의 수장이 되어 사울왕의 위협을 피해 계속해서 도망자로 살아야 했다. 이제 이 싸움은 누가 하나 죽지 않으면 해결할 수 없는 상황이 되었다.

사울왕은 다윗의 은신처에 대한 제보가 들어오자 자신이 택한 군사 삼천 명과 함께 십 광야로 내려갔다. 십 광야에 도착한 사울왕은 산 길가에 진을 쳤다. 사울왕이 산 길가에 진을 친 이유는 예전에 한 번 무턱대고 아무 동굴에 들어갔다가 다윗에게 죽을뻔했던 일이 있었기 때문에 이번만큼은 조심 또 조심하는 것이다.

다윗은 이미 사울왕이 군대를 이끌고 자신을 따라온 것을 알고 있었다. 다윗은 사울 군대의 정확한 움직임을 파악하기 위해 자신이 직접 사울의 진영으로 다가가서 살폈다. 사울왕은 다윗과 그의 부하들이 자신을 암살하러 올 것에 대비해 진영 한가운데 있었고 삼천 명의 군사가 사울을 둘러싸고 있었다. 이에 다윗은 한 가지 큰 결심을 한다. 바로 사울왕이 있는 곳으로 가기로 결심한 것이다. 그렇게 다윗은 자기 충실한 부하인 아비새를 데리고 간다.

밤이 되자 다윗은 부하 아비새와 함께 사울왕의 진영에 침투했다. 그런데 놀라운 것은 사울의 진영은 모두 다 잠들어 있었고 다윗과 아비새는 너무 쉽게 사울이 자고 있는 곳까지 도착했다. 여기서 한 가지 이해하기 어려운 것은 '사울과 그의 군사들이 전쟁을 앞두고 어떻게 다 깊은 잠에 빠져 있었을까?' 하는 의문이다.

사울과 그의 군사들이 다 방심했던 것일까?

방심은 아닌 것 같다. 다윗과 그의 부하들은 다 엄청난 용사들이었다. 나가는 전쟁마다 승리하던 전쟁 전문가들이었다.

그런데 그런 상대들을 앞두고 모두 다 잠들었다니 뭔가 좀 이상하지 않는가?

> 여호와께서 그들을 깊이 잠들게 하셨으므로 그들이 다 잠들어 있었기 때문이었더라 (삼상 26:12).

사울과 그의 군사들이 다 잠들었던 이유는 단 한 가지였다. 바로 하나님께서 그들을 깊이 잠들게 하셨기 때문이다. 하나님께서 모두를 깊이 잠들게 하시니 다윗이 사울의 곁으로 갈 때 아무도 보거나 눈치채지 못하고 깨어있는 사람조차 없었던 것이다. 모두가 깊이 잠든 이때 다윗은 사울이 있는 곳까지 도착했다. 이때 다윗과 함께 온 아비새가 이렇게 말한다.

> 하나님이 오늘 당신의 원수를 당신의 손에 넘기셨습니다. 저에게 맡겨만 주신다면 제가 창으로 그를 두 번 찌를 것도 없이 단번에 찔러서 죽이겠습니다.

드디어 다윗에게 절호의 기회가 왔다. 자신을 죽이려고 혈안이 돼서 쫓아다니는 원수가 지금 눈앞에 있다. 아비새 말처럼 이것이야말로 하나님께서 주신 기회인 것처럼 보인다. 다윗이 고개만 끄덕이면 아비새가 창으로 사울을 단번에 찔러 죽일 것이다. 그리고 사울왕이 여기서 죽으면 이제 더 이상 지긋지긋한 피 말리는 죽음의 위협을 받지 않아도 된다. 어쩌면 왕의 기름 부음을 받은 다윗이 바로 이스라엘의 왕이 될 수도 있다.

그렇다면 다윗은 어떤 결정을 내렸을까?

> 다윗이 아비새에게 이르되 죽이지 말라 누구든지 손을 들어 여호와의 기름부음 받은 자를 치면 죄가 없겠느냐 하고 (삼상 26:9).

놀랍게도 다윗의 선택은 사울왕을 죽이지 않는 것이었다. 다윗은 사울왕을 죽일 수 있었다. 아니 죽여야만 했다. 그런데 다윗은 사울왕을 죽이지 않았다.

도대체 다윗은 왜 마지막이 될지도 모르는 절호의 기회에서 사울을 죽이지 말라고 말한 것일까?

다윗이 사울왕을 죽이지 않은 이유는 딱 한 가지였다. 왜냐하면, 사울왕이 하나님의 기름 부으심을 받은 자였기 때문이다. 즉, 사울은 하나님께서 직접 선택하신 이스라엘의 왕이었기 때문이다.

그렇다면 다윗이 목숨을 걸고 죽음의 위협을 무릅쓰면서 사울이 있는 곳까지 온 이유는 무엇인가?

다윗이 직접 와서 사울을 죽이지 않고 그의 창과 물병을 가지고 간 이유는 사울왕과 싸울 마음이 없다는 자기 마음을 보여 주기 위해서였다.

2. 당신은 어떤 선택을 하며 살아가고 있습니까?

당신은 오늘 다윗의 모습을 보면서 어떤 생각이 드는가?
부하 아비새는 사울왕을 죽이는 것이 하나님의 뜻이라고 생각했다. 하나님께서 이 상황을 만드신 것이라 확신했고 이제 사울왕만 죽이면 된다고 생각했다. 하지만 반대로 다윗은 사울왕을 죽이지 않는 것이 하나님의 뜻이라고 생각했다.

다윗이 사울왕을 죽이지 않은 것은 하나님 앞에서라는 신앙이 있었기에 가능했던 것이다. 다윗은 늘 하나님 앞에서 살아가는 사람이었다. 다윗의 모든 선택에는 늘 하나님이 계셨다. 다윗은 그런 사람이었다. 늘 하나님 앞에서 모든 것을 생각하고 판단하며 움직이는 사람이었다. 하나님께서 가라고 하면 가고 멈추라고 하면 멈추는 사람이었다. 설령 그 선택으로 인해 자신이 어렵고 힘든 길을 가게 되더라도 그 길이 하나님께서 원하시는 길이라면 주저 없이 그 길을 걸어가는 사람이 다윗이었다.

다윗의 선택이 현재를 살아가는 우리에게 너무나 중요한 이유가 있다. 왜냐하면, 다윗의 선택을 통해 우리가 늘 고민하며 겪고 있는 문제들을 어떻게 선택하고 결정해야 하는지 가르쳐 주기 때문이다. 당신은 기억해야 한다. 아비새의 선택은 탁월한 선택이지만 바른 선택은 아니었다. 다윗의 선택은 미련한 선택이지만 바른 선택이었다. 아비새는 자기 입장에서 이 상황을 바라보고 이해했다. 하지만 다윗은 하나님의 입장에서 이 상황을 바라보고 이해했다.

나는 당신에게 묻고 싶다.

오늘 당신의 선택의 기준이 되는 것이 무엇인가?

아비새의 모습 속에서 당신의 모습을 발견하고 있는가? 아니면 다윗의 모습 속에서 당신의 모습을 발견하고 있는가? 당신은 오랫동안 교회를 다녔고 신앙이 있지만 자신이 처한 환경과 상황에 따라 자기 입장에서 하나님의 말씀을 해석하고 이해하고 있지 않는가? 하나님의 말씀을 보고 듣고 그 누구보다 잘 알고 있으면서 못 본 척 못 들은 척하고 있지는 않는가?

당신은 이미 답을 알고 있다. 무엇이 하나님을 기쁘시게 하는 것인지 알고 있다. 고민하지 마라. 돌아가더라도 손해를 볼지라도 하나님의 말씀을 따라가라. 그것이 당신의 인생에 가장 복된 길이다. 그런 당신을 하나님께서 세우고 높이실 것이다.

오늘 현실의 문제 앞에 어떤 선택을 해야 할지 고민할 때 늘 하나님의 말씀에 순종하는 당신이 되기를 바란다. 하나님께서 당신과 함께하신다.

1. 현재 자기가 가지고 있는 고민은 무엇입니까?(함께 나눠 봅시다.)

2. 다윗은 어떤 상황에 처해 있습니까?

3. 사울왕은 왜 다윗을 죽이려고 했습니까?

4. 부하 아비새가 사울왕을 죽이자고 할 때 다윗은 반대합니다. 그 이유가 무엇입니까?

5. 자기 선택의 기준이 되는 것은 무엇입니까?

6. 하나님께서 원하시는 선택을 할지 내가 원하는 선택을 할지 고민했던 적은 없습니까?

하나님은 어떤 사람을 인정하실까요?
(다윗의 성전 짓기)

내가 예전에 다니던 교회 앞에는 큼지막한 산책로가 있었다. '천내천'이라고 부르는데 그곳에서 많은 사람이 산책을 했다. 나도 고등학생과 만날 때 종종 천내천 산책로를 걸었다. 산책로를 걸으면서 졸졸 흐르는 시냇물을 보고 있으면 왠지 마음이 시원해졌다. 지금부터 할 얘기는 고등학생들과 함께 천내천을 걸으면서 있었던 일이다.

그날도 고등학생 남자애들 세 명과 함께 천내천에서 만났다. 우리는 함께 길을 걸으면서 얼마 남지 않은 겨울방학을 잘 보내자고 말했다.

나: 이제 너희들 고3 될 텐데 다들 힘내자.

학생들: 네 목사님!

나: 너희들 고등학교 1학년 때가 엊그제 같은데⋯ 벌써 고3을 앞두고 있다니⋯ 시간 엄청 빨리 지나간다. 그치?

학생 1: 네. 목사님. 제가 고3이라는 게 실감이 안 나요.

학생 2: 목사님. 저는 앞으로 진로가 고민이에요. 기도해 주세요.

학생 3: 목사님. 고3 말만 들어도 슬퍼요⋯

나: 다들 힘내자! 목사님도 기도할게.

우리는 함께 대화를 하며 천내천을 걷고 있었다. 그렇게 4명의 남자들이 함께 대화를 하며 산책로를 걷고 있는데 어느새 한 장소에 도착했다. 겨울이 되면 천내천에서 얼음이 꽁꽁 얼어서 썰매를 탈 수 있는 장소가 있었는데 우리가 도착한 곳이 바로 그곳이었다. 겨울이 되면 많은 어린이가 그곳에서 썰매를 탔다. 부모님이 아이들의 썰매를 끌어주고 아이들은 웃으며 신나게 썰매를 탔다. 나도 겨울이 되면 학생들과 함께 그곳에 들어가서 얼음 위를 돌아다니면서 사진을 찍기도 했다.

그렇게 즐겁게 대화를 하며 학생들과 함께 그 장소에 도착했을 때 얼음은 여전히 얼어 있었지만 사람들은 단 한 명도 얼음 위에 없었다. 왜냐하면, 그 당시 날씨가 많이 풀려서 얼음이 많이 녹아있었기 때문에 아무도 얼음 위에 올라가지 않았던 것이다. 누군가 얼음 위에 한 발짝이라도 내디디면 얼음이 금방이라도 깨질 것 같았다.

하지만 남자 4명이서 이곳을 그냥 지나칠 수 없었다. 우리는 가장 단단해 보이는 얼음 쪽으로 다가갔다. 아이들은 너 나 할 것 없이 서로를 얼음에 빠뜨리려고 했다. 진짜 빠뜨리려고 했던 것은 아니고 빠뜨리는 시늉을 하며 장난을 쳤다. 다들 그렇게 웃으면서 놀고 있을 때 나는 호기심에 발을 얼음에 한 발짝 내디뎌 보았다. 얼음은 여전히 꼼짝 않고 있었다.

나는 속으로 이런 생각이 들었다.

'어? 이거 잘만 하면 두 발로 설 수 있겠는데?'

며칠 전까지만 하더라도 고등학생들과 함께 자주 와서 얼음 위를 걸어 다녔기에 '얼음이 녹으면 얼마나 녹겠냐' 하는 생각도 있었다. 그래서 나는 과감하게 얼음 위에 두 발로 서는 것을 선택했다.

그 뒤에 과연 어떤 일이 일어났을까?

얼음 위에 두 발을 내딛자마자 얼음은 와장창하는 소리와 함께 깨져버렸고 나는 천내천 시냇물에 빠지게 되었다. 나는 얼음물에 빠지자마자 빛의 속도로 다시 올라왔다. 갑자기 얼음이 깨져서 빠지는 바람에 얼음에 긁혀 다리에 상처가 났지만, 전혀 아프지 않았다. 왜냐하면, 아픈 것보다 혹여나 옆에 다른 사람들이 나를 보고 웃고 있지는 않은지 너무 부끄러웠기 때문이다. 옆에 있던 아이들은 내가 물에 빠지자 놀래서 말했다.

학생들: 목사님! 괜찮으세요?

나: 응. 괜찮아.

학생 1: 아 … 목사님 옷이 물에 다 젖었어요. 어디 다친 데 없으세요?..

학생 2: 목사님 괜찮으세요? 조심하시지 … 풉 …

학생 3: 야! 웃지 마. 목사님 지금 물에 빠지셨는데 … 풉 …

학생 1: 야! 너네들 다 웃지마라! 목사님 죄송합니다. … 풉 …

나: 후 … 괜찮다. … (쓸쓸)

옆에 있던 아이들은 얼음 물에 빠진 내 모습을 보면서 걱정을 하면서도 웃음을 참을 수 없어 했다. 내 무릎에는 얼음에 빠지면서 생긴 영광의 상처가(?) 있었지만 아픔이 전혀 느껴지지 않을 정도로 얼굴이 화끈거렸다. 나는 너무 부끄럽고 창피해서 아픈 줄도 몰랐다.

그렇다면 왜 나는 누가 봐도 금방 깨질 것 같은 얼음에 두 발을 내디뎠을까?

그날만큼은 아이들 앞에서 슈퍼히어로가 되고 싶었다. '목사님이 이런 사람이다'라고 말하고 싶었다. 목사님은 너네가 할 수 없는 것을 할 수 있는 용감한 사람이라고 말하고 싶었다. 결국, 결과는 얼음물에 빠지는 걸로 끝났지만 나는 이 일을 계기로 한 가지 확실히 깨달은 것이 있었다.

그것은 나에게는 '누군가에게 인정받고 싶다는 욕구'가 상당히 강하게 있다는 사실이었다. 나에게는 아이들에게 인정받고 싶다는 욕구가 상당히 많이 있다는 사실을 깨닫게 되었다. 그런데 누군가에게 인정받고 싶다는 욕망은 나뿐만이 아니라 모든 사람에게 있다는 사실이다. 많은 사람은 자신이 다른 사람에게 인정받는 것을 좋아한다. 누군가의 인정을 받는다는 것은 참 멋진 일이다.

그렇다면 다른 사람들의 인정을 어떻게 하면 받을 수 있을까?

간단하다. 다른 사람이 하지 못했던 것을 하면 인정을 받을 수 있다. 다른 사람에게는 없는 나만의 강점이나 특기나 꾸준함이 있다면 인정받을 수 있다. 예를 들어 내가 아무도 범접할 수 없는 노래 실력을 갖추고 있다면 내 노래 실력을 다른 사람들에게 인정받을 수 있다. 내가 그 어떤 사람들보다 축구를 잘한다면 축구 실력을 인정받을 수 있다. 중간고사를 쳤는데 전교 1등을 했다면 공부에 있어서 다른 친구들에게 인정받을 수 있다.

누군가에게 인정받는다는 것은 참 좋은 일이다. 왜냐하면, 자신이 누군가의 인정을 받을 정도로 최선을 다했거나 그만큼의 실력이 있는 것을 뜻하기 때문이다. 하지만 그렇다고 해서 인정받는 것이 마냥 좋은 것만은 아니다.

만약 당신이 학교에서 밥 먹듯이 지각을 많이 해서 지각하는 일에 인정을 받는다면 그것은 좋은 인정이 아니다. 만약 당신이 친구들에게 거짓말하는 것을 밥 먹듯이 많이 해서 당신이 거짓말을 잘하는 사람으로 인정받는다면 그것만큼 슬픈 일은 없을 것이다.

즉, 당신이 어떤 모습을 보이느냐에 따라 사람들은 당신을 좋게 인정하기도 하며 나쁘게 인정하기도 한다. 내가 당신에게 누군가의 인정을 받는 것에 대해 이야기하면서 묻고 싶은 질문이 있다.

그렇다면 하나님께서는 어떤 사람을 인정하실까?

하나님께서 인정하시는 사람이 어떤 사람인지 함께 살펴보자.

1. 하나님을 위해서 성전을 짓고 싶습니다!

> 여호와께서 주위의 모든 원수를 무찌르사 왕으로 궁에 평안히 살게 하신 때에 왕이 선지자 나단에게 이르되 볼지어다 나는 백향목 궁에 살거늘 하나님의 궤는 휘장 가운데에 있도다 나단이 왕께 아뢰되 여호와께서 왕과 함께 계시니 마음에 있는 모든 것을 행하소서 하니라(삼하 7:1).

드디어 다윗이 이스라엘 12지파의 왕이 되어서 온 이스라엘을 통치하고 다스리게 되었다. 그뿐만이 아니다. 하나님의 언약궤를 자신이 거하는 예루살렘 성으로 옮겨 놓는 일도 성공적으로 마쳤다. 그리고 주변에 이스라엘 민족을 괴롭히던 적들도 하나님의 도우심으로 무찌르게 되었다. 그렇게 다윗이 이스라엘의 통합 왕이 되면서부터 나라는 점차 안정적으로 자리를 잡아갔고 이제 다윗은 왕궁 안에 앉아서 평안한 삶을 누릴 수 있는 인생의 전성시대를 맞이할 수 있었다.

그런데 당신은 알고 있는가?

다윗은 지금 여기까지 오는 데 정말 쉽지 않은 인생을 살았다.

다윗은 왕이 되기 전까지 참 어렵고 힘든 생활을 보내야 했다. 사울왕을 피해 수년 동안 죽음의 위협을 받아야 했다. 사울왕에게 쫓기던 삶은 당해보지 않은 사람은 모를 정도로 고통스럽고 힘든 일이었다. 언제나 죽음의 불안이 다윗을 따라다녔다. 다윗은 그럴 때마다 하나님께 눈물로 호소하며 기도의 자리로 나아갔다. 그랬던 다윗이 드디어 고생 끝에 이스라엘의 왕이 되었다.

하나님께서는 다윗에게 은혜를 주셨다. 그래서 다윗이 이스라엘 주변에 있던 모든 적을 물리칠 수 있게 하셨다. 그리고 다윗이 왕궁에서 평안히 살 수 있게 하셨다. 즉, 다윗의 시대에 이스라엘에 태평성대가 찾아온 것이다.

다윗이 거하고 있던 예루살렘 왕궁은 참으로 아름다운 곳이었다. 두로왕 히람이 다윗을 위해 기술자들을 보내어 백향목으로 아름답게 왕궁을 지어주었다. 다윗의 어려웠던 시절은 끝이 났다. 이제 불행 끝 행복 시작이다. 그런데 이렇게 평안의 나날을 보내던 다윗에게 한 가지 고민이 있음을 알 수 있다.

태평성대에 모든 것을 다 이룬 다윗은 어떤 고민을 가지고 있었던 것일까?

> 나는 이렇게 백향목으로 만든 궁에 평안히 살고 있는데 하나님의 언약궤는 지금 휘장 가운데 있구나.

다윗이 가지고 있었던 고민은 자신은 이렇게 멋진 왕궁에 살고 있는데 하나님의 언약궤가 휘장 가운데 있다는 불편함이었다. 그래서 하나님의 성전을 짓고 싶다는 생각을 가진 것이다.

놀랍지 않은가?

다른 사람 같으면 갖은 고생 끝에 왕이 되어 왕궁에서 좀 편하게 살고 싶다는 생각이 들 것 같은데 다윗은 그렇지 않았다. 다윗의 마음은 언제나 하나님을 향해 있었다.

자신은 이렇게 좋은 왕궁에서 사는데 하나님의 언약궤를 휘장, 즉 천막 안에서 모시고 있는 것이 마음에 걸렸던 것이다. 하나님께서는 그런 다윗의 마음을 받으셨다. 하지만 성전은 건축하지 말라고 하신다. 성전 건축은 훗날 다윗의 아들 솔로몬이 해야 할 일이기 때문이다. 하지만 하나님께서는 다윗의 마음이 얼마나 순전한 것인지 알고 계셨다.

하나님의 언약궤에 대한 마음, 하나님을 높이려고 하는 마음, 하나님이 휘장 가운데 계시는 것을 불편하게 여기는 다윗의 마음을 하나님께서는 알고 계셨다. 그래서 하나님께서는 다윗이 마음만 품고 말했을 뿐인데 다윗에게 감당하지 못할 많은 복을 약속해 주시고 그대로 이루어주셨다.

하나님께서 다윗에게 주신 축복이 무엇일까?

① 위대한 자들의 이름같이 네 이름을 위대하게 만들어주겠다고 말씀하셨다.
② 너를 모든 원수에게서 벗어나 편히 쉬게 해주시겠다고 말씀하셨다.
③ 네 아들을 네 뒤에 세워 이스라엘을 견고하게 할 것이며 그가 하나님의 성전을 건축하게 할 것이라고 말씀하셨다.
④ 네 나라가 영원히 보전되고 네 왕위가 영원히 견고하리라고 말씀하셨다.

하나님께서는 하나님을 향한 다윗의 선하고 의로운 마음을 보시고 엄청난 축복을 약속하셨다. 나는 다윗을 통해 당신에게 꼭 하고 싶은 말이 있다. 다윗은 언제나 하나님께 한결같이 의롭고 선한 마음을 가지고 있었다는 사실이다. 다윗은 사울왕에게 쫓기며 죽음의 위협을 받을 때도 하나님만 바라보았다. 다윗은 사울왕에게 쫓길 때 사울왕을 죽일 수 있는 두 번의 기회가 있었음에도 하나님을 생각해서 죽이지 않았다.

그런데 더 놀라운 사실은 다윗은 어렵고 힘들 때만 하나님을 찾고 눈물을 흘리며 기도하는 사람이 아니었다. 다윗은 아무런 문제가 없을 때도 하나님을 향해 한결같은 마음을 가지고 나아갔다.

하나님께서 우리에게 원하시는 것은 하나님을 향한 우리의 한결같은 마음이다. 하나님을 한결같이 사랑하는 사람들은 힘들고 어려울 때 하나님을 떠나지 않는다. 오히려 하나님을 더욱 의지하며 하나님께 도움을 구한다. 지금 내가 겪고 있는 아픔과 문제와 어려움을 하나님의 눈으로 보려고 노력한다. 어떻게 해야 하나님의 방법으로 슬기롭게 헤쳐 나갈 수 있을지 기도하며 생각한다.

그리고 한결같은 마음을 가진 사람들은 힘들고 어려울 때도 하나님을 찾고 부르짖지만 일이 잘 풀릴 때 아무런 문제가 없을 때도 하나님을 의지하며 찾는 사람임을 명심해야 한다. 일이 잘 풀릴 때 아무 일이 없을 때 우리는 더욱 겸손해야 한다. 더욱 간절히 하나님을 의지하고 하나님의 은혜를 구해야 한다. 더욱 간절히 기도의 자리에 나아가 기도해야 한다.

가장 중요한 것은 우리의 마음을 지키는 것이다. 어렵고 힘들 때 뿐만 아니라 평안할 때도 나태함과 교만과 정욕에 빠지지 않도록 우리의 마음을 지키며 하나님의 은혜를 간절히 구해야 한다.

당신은 하나님의 사람으로 쓰임 받고 싶은가?

이 땅에서 하나님의 영광을 위해 살고 싶은가?

그렇다면 기억하라. 하나님께서는 언제나 한결같은 사람을 통해 역사하신다.

2. 사람에게 인정받지 말고 하나님께 인정받는 사람이 되자!

나는 지금까지 청소년 사역을 15년 동안 해오면서 가장 기억에 남는 곳이 한 곳 있다. 바로 두 번째로 사역한 교회였는데 그곳에서 중등부를 맡고 있을 때였다. 장년 성도가 약 700명 있는 중형교회였는데 그곳에서 교육 전도사로 삼 년 동안 사역을 했다. 그때가 신학교 3학년 때였는데 정말 열심히 사역을 했었다. 교회에 가지 않는 주일에는 매일 전화와 문자로 학생들에게 연락했다. 그리고 토요일이 되면 학생들을 만나러 다녔다. PC방도 가고 운동장에서 같이 축구도 하고 참 즐거운 하루하루를 보냈다.

그리고 중등부 사역자라는 핑계로 태어나서 한 번도 염색해 본 적이 없었던 머리도 노랗게 탈색을 하기도 했다. 길거리를 지나다닐 때마다 나에게 너무 많은 시선이 몰리는 것 같아 부끄러워서 한 달 만에 다시 검은색으로 염색했지만 정말 열심히 사역했다.

그리고 열심히 사역한 만큼 많은 학생이 교회로 와주었다. 매주 20-30명이 출석했던 중등부였는데 총동원 주일에 100명의 학생이 왔다. 교회에서는 수십 년 만에 처음 있는 일이라고 했다. 총동원 주일을 기점으로 학생들이 교회에 몰려들었다. 매주 40-50명 많게는 60명의 학생이 교회에 나왔다. 주변에 있는 모든 사람이 잘하고 있다고 말했다. 나도 어느 정도 잘하고 있다고 생각했다.

그런데 어느 순간부터 사역을 하면서 점점 지쳐가는 내 모습을 볼 수 있었다. 처음에는 괜찮다고 생각했는데 사역에 대한 지침은 내 마음속에서 사그라지지 않고 더욱 깊어져 갔다. 그렇게 마음속은 타들어 갔지만 그래도 나는 사역에 최선을 다했다. 왜냐하면, 여기서 어떻게든 부흥을 일으켜야 그 뒤에 더 좋은 미래가 있다고 생각했기 때문이었다. 나는 그 당시 아무런 '빽(배경)'이 없다고 생각했다.

나는 다른 친구들처럼 담임목사로 사역하고 계시는 아버지를 둔 것도 아니었다(그 당시에 나는 그것이 빽이라고 생각했다). 그리고 와이프의 집안은 와이프의 막내동생 외에 아무도 교회를 다니지 않는 불신자 가정이었다. 현실적으로 어느 누구도 나를 도울 수 있는 사람이 없어 보였다.

그래서 내가 잘하지 않으면 앞으로 미래가 없다고 생각했다. 내가 뭔가 특별한 게 있어야 지금보다 더 사이즈가 큰 교회로 갈 수 있다고 생각했다. 내가 어느 정도 유명해져야 장밋빛 목사 인생이 나를 기다리고 있다고 생각했다. 하지만 나의 그런 인간적인 생각도 사역으로 지쳐가는 마음 앞에 어쩔 도리가 없었다. 결국, 나는 몇 개월의 고민 끝에 사역을 완전히 그만두었다.

왜 열심히 사역을 잘하고 있던 내가 그렇게 지쳐버렸을까?

왜 해결책을 찾을 수 없었을까?

나는 그 이유를 오랜 시간이 지난 뒤에 알게 되었다. 왜냐하면, 나는 하나님께 인정을 받으려고 하지 않았고 사람에게 인정을 받으려고 했기 때문이었다. 하나님께서 나에게 맡겨주신 일이었음에도 나는 하나님께 나아가지 않았고 사람에게 인정을 받기 위해 최선을 다했던 것이다. 그로 인해 하나님과 나와의 관계는 점점 멀어져 갔으며 하나님께서 주시는 은혜로 사역을 감당하지 않고 인간의 힘으로 하려다 보니 영혼이 점점 지쳐 고갈되어 갔던 것이다. 나는 그렇게 사역을 그만두었다.

처음에는 당연히 하나님께서 맡겨주신 일들을 잘 감당하겠다고 다짐하고 또 다짐했다. 기도의 자리에서 눈물을 흘리며 간절히 기도했다. 하나님의 마음이 내 영에 충만했으며 하나님께서 맡겨주신 일이라면 어떤 일이라도 감당해낼 수 있을 것 같았다. 하지만 점점 시간이 지날수록 눈에 보이지 않는 하나님을 의지하고 은혜를 구하기보다 눈에 보이는 사역의 결과물에 집착하기 시작했다.

어느 순간부터 주일이 되면 중등부 학생이 몇 명 나왔는지 혼자서 머릿수를 세기에 급급했으며 만약 내가 원하는 선까지 학생들이 나오지 않으면 오히려 마음속으로 하나님을 원망하는 마음이 들기도 했다. 그리고 무엇보다 이런 내가 이런 상황이 너무 힘들고 싫었다.

사역을 열심히 했지만 재미가 하나도 없었다. 오히려 나는 더욱 지쳐갔다. 그리고 이런 내 마음을 어느 누구에게도 나눌 수가 없었다. 그렇게 나는 부모님이 계시는 거제도로 향했고 조선소에 취직했다.

내 인생에서 가장 괴로웠을 때가 바로 그때였다. 하루하루가 너무 힘들고 어려웠다. 부모님의 기대를 저 버렸고 아내의 사랑과 헌신을 외면했다. 모든 것을 포기하고 조선소에 있는 조그마한 협력업체에 취직해서 배 만드는 일을 했다. 신학교만 다닌 내가 처음부터 못질을 잘할 수 없었다. 위에 사수에게 오만 욕을 다 들어가며 일을 배웠다. 내 인생 최고의 위기였다.

나는 매일 새벽 네 시 삼십 분에 일어나서 조선소 버스가 오는 정류장까지 걸어가야 했다. 정류장까지 걸어가는 시간은 15분 정도였으며 나는 매일 추운 바닷바람을 맞으며 그 길을 걸어갔다. 매일 걸어갈 때 속으로 이런 생각이 들었다.

'하나님께서 이런 나를 용서해 주실까? …
하나님 제발 저를 용서해 주시고 불쌍히 여겨주세요. 너무 힘듭니다.'
기도하며 그 길을 걸어갔다.

그렇게 30일이 지났을까? …

그날도 어김없이 새벽 이른 시간에 일어나서 온몸을 옷으로 감싸고 눈만 내어놓은 채 정류장까지 걸어갔다. 그런데 그날따라 달이 너무 환하게 비쳤다. 달을 쳐다보니 보름달이었다. 밝고 환하게 빛나는 보름달을 쳐다보면서 가는데 내 마음속에 하나님께서 내 죄를 용서해 주셨다는 확신과 함께 기쁨과 평안이 샘솟듯 흘러넘쳤다.

나는 하나님의 사랑에 감사하며 펑펑 울면서 그 길을 걸어갔다. 그리고 다시 마음을 고쳐먹었다.

나를 위해서 살지 말고 하나님을 위해 살자.

나는 조선소 일을 정리하고 부모님과 와이프에게 다시 사역을 시작하겠노라고 선언했다. 그리고 다시 사역의 길로 들어섰다. 그전까지 나는 사람에게 인정받기 위해 최선을 다했지만 더 이상은 아니었다. 하나님께서 주시는 은혜로 이 사역을 감당하겠다고 생각했다. 나는 지금도 그때의 일을 잊지 못한다. 그래서 때로 내 마음이 하나님과 멀어지거나 다시금 육적인 생각과 정욕과 탐욕이 나를 지배하려고 할 때 나는 새벽에 시골길을 걸어가던 그때의 그 일을 생각한다. 그리고 다시금 하나님의 은혜를 간절히 구한다.

나는 당신에게 묻고 싶다.

당신은 하나님께 인정을 받으려고 하고 있는가?
하나님께서 주시는 은혜로 세상을 살아가려고 하는가?
당신은 하나님의 은혜 없이는 살아갈 수 없다고 고백하고 있는가?
그래서 기도의 자리에서 처절하게 기도하며 다음과 같이 간절히 부르짖고 있는가?

"하나님, 오늘도 저에게 은혜를 주옵소서. 아버지의 은혜 없이는 제가 살아갈 수 없습니다."

나는 당신이 이 세상에서 하나님의 은혜 없이는 살아갈 수 없음을 인정하고 하나님의 은혜를 간절히 구하는 사람, 그래서 말씀과 기도에 목숨을 거는 그런 사람이 되기를 바란다. 매일의 시간 속에 경건의 시간을 정해서 하나님께 말씀과 기도로 나아가는 사람이 되기를 바란다. 기도하지 않아서 말씀을 묵상하지 않아서 내가 영적으로 둔해지는 것에 가슴 아파하며 다시금 은혜의 자리에 나오는 당신이 되기를 바란다. 하나님께서 그런 당신을 주목하실 것이다.

생각하기

1. 다른 사람들에게 인정받기 위해 열심히 노력한 적이 있습니까?
   (함께 나눠 봅시다.)

2. 다윗이 왕으로 있을 때 이스라엘에 태평성대가 찾아왔습니다. 그런데 다윗의 마음이 불편했습니다. 그 이유가 무엇입니까?

3. 다윗이 성전을 건축하려고 하자 하나님께서 다윗에게 뭐라고 말씀하십니까?

4. 하나님께서 다윗에게 약속하신 축복이 무엇입니까?

5. 하나님께서 우리에게 원하시는 것은 무엇입니까?

6. 현재 자신의 삶은 평안합니까? 그것이 하나님의 은혜임을 인정하십니까?

13

하나님은 교만한 자가 아닌 겸손한 자를 사랑하신다
(다윗과 밧세바)

　당신은 KBS에서 하는 예능 프로그램인 <연애의 참견>이라는 프로그램을 알고 있는가?

　남녀 간에 다양한 연애 사연들을 드라마 형식으로 만들어서 방송하는 예능 프로그램이다. <연애의 참견>을 보면 참 다양한 연인들의 사연이 나온다. 사연이 끝나고 나면 프로그램에 출연한 패널들이 해결책을 제시한다. 패널들 거의 모든 의견은 "빨리 헤어지는 게 답이다"라고 말한다.

　원래 나는 <연애의 참견>이라는 프로그램을 전혀 알지 못했다. 내가 그 프로그램을 알게 된 것은 아주 우연한 계기였다. 어느 날 퇴근을 하고 집으로 돌아왔는데 아내가 TV를 뚫어지게 쳐다보고 있었다. 평소에 아내나 나나 TV를 거의 보지 않기 때문에 아내가 무엇을 보나 궁금해서 TV를 쳐다봤는데 <연애의 참견>이라는 프로그램이 나오고 있었다.

그 프로그램에서는 연인들의 실질적인 고민들을 다루고 있었다. 나도 아내 옆에 앉아서 같이 프로그램을 보는데 한 커플의 사연이 나왔다. 한 커플이 오랫동안 연인으로 지내 왔지만 남자친구가 변심한 것 같다며 고민에 잠긴 한 여자의 사연이었다. 두 남녀가 같은 음식점에서 아르바이트를 하면서 이야기가 시작됐는데 남자가 아르바이트를 하러 간 첫날 그곳에서 일하던 여자를 보고 첫눈에 반했다. 남자는 여자를 좋아했지만 좋아한다고 고백하지는 못했고 그렇게 시간은 흘러갔다.

그러던 어느 날 남자가 좋아하던 여자가 낯선 남자에게 끌려가는 모습을 보게 된다. 그 모습을 본 남자는 곤경에 빠진 여자를 구해준다. 그리고 그 여자는 예전부터 자신을 좋아하던 그 남자의 마음을 알고 있었고 이 사건을 계기로 서로 사랑하는 사이가 된다.

당시 남자는 변호사 시험을 준비 중이었고 여자는 그런 남자를 옆에서 응원하며 기다려주었다. 시간이 흘러 남자친구는 드디어 변호사 시험에 합격하게 되었고 합격하자마자 남자는 여자친구에게 프러포즈를 하며 결혼을 하자고 청혼했다. 모든 것이 행복해 보이는 커플. 그런데 금방이라도 결혼할 것만 같았던 이 커플에게 서서히 어두운 먹구름이 몰려오기 시작한다.

시간이 조금씩 흐르면서 여자친구를 향해 늘 한결같았던 남자친구의 태도가 점점 달라져 갔다. 과거 여자친구를 한없이 아껴주고 사랑해 주던 남자친구는 변호사가 되고 난 후 여자친구에게 너무 차갑게 변해버린 것이다. 그렇게 여자친구를 향한 남자친구의 차가운

행동과 말이 점점 심해지자 여자친구는 참다못해 남자친구에게 화를 내고 만다. 그제서야 남자친구는 용서를 구하며 다시는 그렇게 하지 않겠다고 말한다.

그러나 얼마 뒤 여자친구는 충격적인 사실을 알게 되는데 남자친구가 여자친구 몰래 소개팅 약속을 잡아놓은 것이었다. 여자친구는 우연히 남자친구의 소개팅을 알게 되었고 남자친구의 뒤를 따라간다. 그리고 남자친구가 실제로 다른 여자와 소개팅을 하고 있는 모습을 본 여자친구는 그 자리에서 남자친구에게 이별을 통보한다. 남자친구는 그런 여자친구를 붙잡고 부모님 때문에 어쩔 수 없었다고 말하면서 자신을 한 번만 믿어달라고 말하며 아직도 너를 사랑한다고 말한다. 하지만 여자친구는 남자친구의 변심을 보았기 때문에 앞으로 계속 연애를 해야 할지 고민이라며 사연을 보내왔던 것이다.

나는 당신에게 묻고 싶다. 만약 당신이 사연을 보낸 여자친구에게 조언을 한다면 뭐라고 말하겠는가?
"지금 당장 헤어지세요!"라고 말하겠는가?
아니면,
"예전을 생각해서 한번 용서하고 다시 새롭게 시작해 보세요."라고 말하겠는가?

서로 사랑해서 결혼을 약속한 사이였는데 어느 순간 애인이 나를 향한 마음이 변해가고 심지어 다른 사람과 소개팅을 한다면 그 애인과의 사랑을 계속 유지하는 것은 정말 쉽지 않을 것이다. 아마 예전에 서로 뜨겁게 사랑했던 시절로 돌아가기엔 참 어렵고 힘들 것이다. 나는 당신에게 <연애의 참견> 프로그램의 사연을 통해 묻고 싶은 질문이 있다.

당신은 사랑하는 사람에게 가장 중요한 것이 무엇이라고 생각하는가?

사랑하는 연인에게 가장 중요한 것은 상대방을 향한 한결같은 마음이다. 변심하지 말아야 한다. 한결같은 마음이 깨져버리고 변심을 해버리면 결국 서로의 관계는 파국으로 치닫게 된다. 내가 당신에게 변심한 남자친구의 사연을 이야기하는 이유가 있다. 하나님과 우리 사이의 관계에서도 가장 중요한 것이 바로 한결같은 마음이다. 하나님께서는 하나님의 백성에게 언제나 늘 한결같은 마음을 요구하신다. 늘 하나님을 의식하며 하나님 중심으로 살기 원하신다.

반대로 하나님의 백성이 하나님을 잊어버릴 때 하나님께서는 분노하신다. 구원받은 하나님의 백성이 더 이상 하나님을 의식하지 않을 때 하나님께서는 슬퍼하신다. 하나님의 백성이 하나님을 경외하지 않고 세상의 정욕과 탐욕을 따라 살아갈 때 하나님께서는 침묵하신다.

"당신은 하나님을 의식하며 하나님 중심으로 살고 있는가?"

아니면 "하나님을 잊어버린 채 살고 있지는 않은가?"

1. 다윗이 밧세바를 범하다

> 저녁 때에 다윗이 그의 침상에서 일어나 왕궁 옥상에서 거닐다가 그 곳에서 보니 한 여인이 목욕을 하는데 심히 아름다워 보이는지라 다윗이 사람을 보내 그 여인을 알아보게 하였더니 그가 아뢰되 그는 엘리암의 딸이요 헷 사람 우리아의 아내 밧세바가 아니니이까 하니 다윗이 전령을 보내어 그 여자를 자기에게로 데려오게 하고 그 여자가 그 부정함을 깨끗하게 하였으므로 더불어 동침하매 그 여자가 자기 집으로 돌아가니라(삼하 11:2-4).

다윗이 왕궁 옥상을 거닐다가 한 여자가 목욕하고 있는 모습을 보게 된다. 그런데 그 모습이 심히 아름다워 보였다. 그래서 다윗은 그녀가 누구인지 알아보기 위해 사람을 보냈는데 알고 보니 자기 충직한 부하였던 우리아의 아내 밧세바였다.

다윗의 부하 우리아는 현재 전쟁에 나가서 다윗과 이스라엘을 위해 열심히 싸우고 있는 다윗의 충성스러운 부하였다. 그런데 다윗은 밧세바가 부하 우리아의 아내인 것을 알았음에도 그녀를 불러와 동침한다. 그리고 얼마 뒤 다윗은 밧세바가 임신했다는 사실을 알게 되고 이 일을 숨기기 위해 전쟁 중에 있는 우리아를 부른다.

우리아가 돌아오자 다윗은 전쟁이 현재 어떻게 진행되고 있는지 우리아에게 물어본 후 집에 가서 쉬라고 말한다. 우리아가 집으로 돌아가면 밧세바와 동침을 하게 될 것이고 그렇게 되면 자연스럽게 우리아와 밧세바의 아이로 둔갑시킬 수 있을 것이라 생각했다. 하지만 다윗의 악랄한 계획은 보기 좋게 빗나갔다. 왜냐하면, 우리아는 밧세바가 있는 자기 집으로 돌아가지 않았기 때문이다. 그다음 날이 되었을 때 다윗은 우리아를 불러 왜 집으로 가지 않았느냐고 물어보았다.

그러자 다윗의 충직한 부하였던 우리아는 전쟁 중에 자신 혼자서 집에 가서 편안히 잘 수 없다고 말했다. 다윗은 자기 계획이 실패하자 다른 계획을 세웠다. 이번에는 우리아에게 화려한 식사 대접을 해서 먹고 마실 것을 주어서 취하게 만들어 자연스럽게 밧세바가 있는 집으로 돌아가게 만드는 것이었다. 하지만 우리야는 취한 상황에서도 자기 집으로 돌아가지 않았다. 그는 정말 충성스러운 부하였던 것이다.

결국, 다윗은 최후의 방법을 선택했다. 다윗은 우리아를 다시 전쟁터로 보내면서 이스라엘의 총사령관이었던 요압 장군에게 편지 한 통을 써서 전해달라고 말한다. 그 편지 내용에는 상당히 경악할 만한 내용이 적혀 있었다.

우리아를 전투가 상당히 심하게 일어나는 곳에 가게 해서 앞세워 두고 너희는 뒤로 물러가서 우리아가 상대편에게 자연스럽게 죽도록 놔두라는 내용이었다. 그렇게 우리아는 아무것도 모른 채 전쟁터에 도착해 요압에게 자신을 죽이라는 다윗의 편지를 전달한다. 그리고 요압은 다윗의 편지를 읽고 우리아를 치열한 전쟁터 한가운데 내버려 두고 후퇴한다. 다윗의 충실한 부하였던 우리아는 적군에게 비참한 죽음을 맞이하게 되었다.

정말 충격적이지 않은가, 다윗이 어떤 사람인가?

그는 하나님의 마음에 합한 사람이었다. 그는 하나님을 뜨겁게 사랑했고 신실하게 하나님을 쫓았던 사람이었다. 하나님께서는 그런 다윗을 주목하셨고 목자로 살아가던 어린 다윗을 선택하셔서 왕의 기름을 부으셨다.

블레셋과의 전쟁에서 골리앗을 보고 모든 이스라엘 군인들이 두려워서 벌벌 떨고 있을 때 담대하게 하나님의 이름으로 나가서 골리앗을 물리쳤던 사람이 다윗이었다. 그뿐만이 아니다. 사울왕에게 미움을 받아 쫓길 때도 하나님을 의지함으로 믿음의 길을 걸어갔던 사람이 바로 다윗이었다.

그리고 다윗이 이스라엘의 왕이 되어서 주변에 모든 원수를 물리치고 이스라엘에 태평성대가 찾아왔을 때 하나님의 성전을 짓지 못해서 마음 아파하며 성전을 짓고자 했던 사람이 다윗이었다.

그런데 그랬던 다윗이 왜 이렇게까지 변했을까?

도대체 다윗에게 어떤 일이 일어났던 것일까?

> 그런데 어찌하여 네가 여호와의 말씀을 업신여기고 나 보기에 악을 행하였느냐 네가 칼로 헷 사람 우리아를 치되 암몬 자손의 칼로 죽이고 그의 아내를 빼앗아 네 아내로 삼았도다(삼하 12:9).

9절 말씀을 보면 다윗이 하나님의 말씀을 업신여겼다고 말한다. 업신여겼다는 말이 무슨 뜻인가?

내가 교만해져서 남을 무시했다는 뜻이다. 즉 다윗의 마음이 교만해져서 하나님을 무시했다는 뜻이다. 다윗은 왕의 자리에 오르기까지 하나님께 겸손한 사람이었다. 그리고 이스라엘의 왕이 되었을 때도 얼마 동안은 하나님을 의지했다. 하지만 다윗을 핍박하는 존재들이 사라지고 난 후 다윗의 마음에는 점점 교만이 싹트기 시작했다.

다윗은 어렵고 힘들 때는 누구보다 하나님을 간절히 의지했지만 더 이상 어려운 게 없어지자 하나님께서 지금까지 인도하신 것을 기억하지 못하고 하나님을 더 이상 찾지 않았다. 예전에 하나님을 사랑하고 겸손했던 다윗이 아니었다. 이제는 권력의 맛에 취해 더 이상 하나님을 찾지도 원하지도 않는 상태가 되어버린 것이다.

다윗이 밧세바를 범하고 우리아를 죽이고 난 후 나단 선지자가 다윗의 죄를 말할 때까지 다윗은 자기 행동을 잘못이라고 생각하지 않았다. 양심의 가책을 느끼지 못했던 것이다. 이게 무서운 것이다. 양심이 마비되어 버렸다. 다윗은 어느 순간부터 하나님께 죄를 지어도 그것이 죄인 줄 모르는 상태가 되어버린 것이다.

크리스천이 하나님 앞에서 교만한 것이 무엇인 줄 아는가? 하나님을 내 삶에서 더 이상 찾지 않는 것이다. 하나님 없이도 나는 잘 살아갈 수 있다고 생각하는 것이 교만이다. 어렵고 힘들 때는 하나님을 간절히 찾다가도 문제가 해결되면 다시 하나님을 떠나는 것이 하나님께서 보실 때 하나님을 업신여기는 교만인 것이다.

당신과 나는 하나님 앞에 겸손한 사람인가?

아니면 교만한 사람인가?

2. 우리는 매일 십자가에 나를 못 박아야 한다

　하나님께서는 다윗을 이스라엘의 왕으로 세워서 이스라엘을 잘 다스리게 하기 위해서 많은 훈련을 시키셨다. 다윗은 왕의 기름 부음을 받았지만 바로 왕이 된 것은 아니었다. 오히려 사울의 시기와 질투로 죽음의 위협을 수년 동안 받으며 쫓겨 다녀야만 했다. 그 시기가 다윗에게는 엄청난 고난과 시련이었지만 하나님께서 다윗을 세우시기 위해 꼭 거쳐야만 하는 훈련과정이었다.

　다윗은 그런 훈련과정이 있었기에 하나님 앞에 자신을 더욱 낮추며 겸손할 수 있었고 왕이 되어서도 하나님을 의지할 수 있었다. 하지만 어느 순간부터 다윗의 마음속에 교만이 싹트기 시작하면서 점점 하나님을 잊어갔다. 여전히 제사를 드리고 하나님을 예배했지만 다윗의 마음속에 더 이상 하나님이 계시지 않았다.

　그런 상황에서 다윗이 밧세바를 봤을 때 음욕이 물일 듯 올라오자 그것을 참지 못하고 밧세바를 범했을 뿐만 아니라 그 사실을 감추기 위해 자기 충직했던 부하인 우리아 또한 죽였던 것이다.

　우리는 다윗을 돌아보면서 한 가지를 깨닫게 된다. 아무리 다윗이라고 할지라도 하나님을 잊어버리면 유혹에 넘어가게 된다는 사실이다. 오늘의 은혜가 내일 지속되리라는 착각에서 벗어나자. 우리는 매일 하나님을 만날 수 있는 은혜의 자리에 나아가야 한다.

　나에게 새벽 기도는 절대 빠질 수 없는 너무나 중요한 시간이다. 새벽 기도 때 기도하면서 내가 제일 먼저 고백 드리는 기도 내용이 있다.

> 하나님 오늘 하루도 내 자아와 정욕과 탐욕과 음란과 시기와 질투와 미움과 거짓과 모든 악들을 예수님의 십자가 앞에 못 박습니다. 주님 저의 주인은 제가 아닙니다. 예수님이십니다. 주님 저를 긍휼히 여겨주시고 오늘 하루도 주님의 영광을 위하여 살 수 있도록 은혜를 주옵소서.

하나님 앞에서 철저하게 나를 부인하며 내 주인이 바로 하나님이심을 인정하는 기도를 한다. 내가 이렇게까지 간절히 매일 기도하는 이유가 있다. 왜냐하면, 나는 하루라도 하나님의 은혜 없이는 살아갈 수가 없는 연약한 존재인 걸 알기 때문이다.

우리는 매일의 삶 속에서 나를 십자가 앞에 내려놓아야 한다. 내 자아와 정욕과 탐욕과 음란과 시기와 질투와 미움과 거짓과 모든 악을 예수그리스도의 십자가 앞에 못 박아야 한다.

우리는 하나님께 은혜를 받지 못하면 주님 뜻대로 살 수 없는 연약한 죄인임을 하나님 앞에 인정해야 한다. 만약 현재 당신이 하나님의 은혜를 간절히 원하지 않고 있다면 그래서 기도의 자리에 나아가지 않고 있다면 어쩌면 당신은 이미 다윗처럼 하나님을 업신여기고 있을 수도 있다. 매일 당신의 삶 속에 하나님의 은혜 없이는 살아갈 수 없다는 고백이 진심으로 흘러나오기를 바란다. 하나님께서는 하나님의 은혜를 구하는 자들에게 은혜를 주시며 놀랍게 인도하신다.

1. 사람들 사이에서 관계의 어려움을 겪었던 적은 없습니까?
   (함께 나눠 봅시다.)

2. 하나님과 나 사이에서 가장 중요한 것이 무엇이라고 생각하십니까?

3. 다윗이 우리아의 아내 밧세바를 범하고 난 뒤에 했던 행동은 무엇입니까?

4. 다윗이 밧세바를 범하고 우리아를 죽인 것은 하나님을 업신여겼기 때문입니다. 하나님을 업신여겼다는 뜻은 무엇이며 우리도 그런 적은 없습니까?

5. 우리는 매일 십자가에 못 박혀야 합니다. 그 이유는 무엇입니까?

당신이 크리스천이라면 반드시 선택해야 합니다!
(엘리야 VS 바알 선지자)

    대한민국이 올림픽에서 금메달 27개, 은메달 9개, 동메달 7개를 따낸 종목이 무엇인지 알고 있는가?

    바로 양궁이다. 그렇다면 양궁에서 선수가 활을 쏘는 거리부터 과녁까지 실제 길이가 얼마나 되는지 아는가?

    무려 70미터나 된다. 그런데 이렇게 먼 거리에 비해 과녁판의 총 지름은 122센티미터이고 10점짜리 지름은 겨우 12.2센티미터이다.

    70미터 앞에 서 있는 과녁판을 향해 그것도 12.2센티미터인 10점짜리 지름 안에 쏜다는 것은 정말 어렵고 대단한 것이다. 그런데 놀라운 사실은 이렇게 어려운 양궁을 대한민국이 오랫동안 최강자로 군림해왔다는 사실이다. 특히 올림픽에서 여자 양궁 단체전은 1988년부터 지금까지 일인자의 자리를 빼앗긴 적이 없다. 36년 동안 올림픽 9연패라는 놀라운 성적을 거둔 것이다.

자, 그렇다면 우리는 여기서 궁금한 것이 하나 생긴다. 대한민국이 양궁에서 이토록 좋은 성적을 거두는 이유가 무엇일까?
도대체 어떤 특별한 이유가 있기에 무려 36년 동안 정상의 자리를 지킬 수 있었을까?
대한민국의 모든 국민들이 태어날 때부터 활을 잘 쏘는 DNA를 가지고 태어나서 그런 것일까?
아니면 어릴 때부터 체계적인 훈련과 교육을 통해 실력이 뛰어난 선수들이 나오는 것일까?

대한민국 양궁이 강한 이유는 크게 두 가지 이유가 있다.

첫째, 공정한 선수 선발 시스템을 꼽는다. 즉 철저하게 실력 위주로 선수를 선발하는 것이다. 이것은 국가 대표도 예외가 없다. 이전 대회에서 아무리 뛰어난 기록을 세웠어도 국가 대표 자리를 계속 유지할 수 있는 것이 아니라 다시 국가 대표 선발전에 나가서 뛰어난 성적을 얻어야 국가 대표가 될 수 있다.
양궁은 어떤 학교를 나와서 양궁을 했는지가 중요하지 않다. 누구에게 배웠는지 중요하지 않다. 내가 지금까지 얼마나 많은 커리어를 쌓아왔는지 중요하지 않다. 오로지 실력이다. 실력으로만 승부를 본다. 그래서 올림픽에서 메달을 따는 것보다 국가 대표로 선발되는 게 더 어렵다는 말이 나올 정도다.

둘째, 대한민국 양궁은 올림픽 때 있을 여러 상황에 대비해서 다양한 훈련을 한다. 단순히 활만 잘 쏘게 훈련하는 것이 아니라 어떤 상황에서도 활을 잘 쏠 수 있는 훈련을 하는 것이다. 예를 들어 올림픽 때 자국 선수랑 경기를 하게 되었을 때 관중들의 일방적인 응원과 야유에 흔들릴 수 있다. 그래서 어떤 상황 속에서도 흔들리지 않기 위해 맞춤 훈련을 하는 것이다.

예를 들어 사람들이 많이 오는 야구장에 가서 팬들의 야유와 응원소리에 맞춰 활을 쏜다. 그리고 사람이 제일 공포를 느끼는 11미터 위에서 다이빙을 하기도 하며 무서운 번지점프를 하기도 한다. 또 군대에 가서 군대 초소 근무를 서기도 한다. 이렇게 연습하면 실제 경기에서 어떤 상황에서도 전혀 긴장하지 않고 평정심을 유지하며 평소에 활을 쏘듯이 쏠 수 있는 것이다.

내가 당신에게 양궁에 관해 이야기하는 이유가 있다. 크리스천도 화살을 쏘는 궁사와 같다. 궁사가 활을 잘 쏘기 위해 어떤 상황 속에서도 흔들리지 않는 마음의 평정심을 가지고 있어야 하는 것처럼 크리스천도 어떤 상황 속에서도 흔들리지 않는 마음을 가지고 있어야 한다. 어떤 상황 속에서도 내가 하나님의 자녀라는 사실을 잊지 말아야 하며 하나님의 말씀을 따라가는 사람이 되어야 한다.

하지만 이 세상에서 하나님의 말씀을 따라 살아간다는 것은 반대로 세상의 죄악된 문화와 가치관을 분별하고 멀리하는 것이기도 하다. 그래서 우리는 사도바울의 말처럼 이 세대를 본받지 말고 하나님께서 기뻐하시는 뜻이 무엇인지 항상 분별하고 순종해야 한다.

그런데 말씀대로 살려고 하면 세상과 부딪칠 수밖에 없다. 그래서 때로는 세상이 주는 핍박을 받기도 하고 불공평을 당하기도 한다. 나는 오늘 당신에게 묻고 싶다. 당신은 세상에서 오는 불공평과 핍박을 다 감내하면서까지 하나님의 말씀을 따라 살기를 원하는가?

학교에서 예수님을 믿는 것으로 불공평을 받는 경우가 꽤 있다. 제자훈련을 하는데 남학생 한 명이 이렇게 말했다.

학생: 목사님. 학교 수업 시간에 생물 선생님께서 갑자기 창조론을 믿는 사람들은 손을 들어보라고 하셨어요.

나: 그랬어? 그래서 어떻게 됐어?

학생: 저를 포함해서 한 구 명 정도 손을 들었는데요. 생물 선생님이 저희를 보시더니 한 명 한 명한테 왜 창조론을 믿냐면서 엄청 핍박하셨어요.

나: 와 … 네가 많이 당황했겠구나.

학생: 네. 굳이 수업 시간에 진도를 안 나가고 왜 진화론을 믿지 않고 창조론을 믿느냐면서 그 이유를 말해보라면서 이야기하는 데 몹시 기분이 안 좋았습니다.

나: 그래. 나 같아도 정말 화났었겠다.

학생: 네. 저는 그래도 당당하게 창조론을 믿는다고 말했는데 아직도 그때를 생각하면 기분이 안 좋네요.

나: 그래. 네가 정말 많이 힘들었겠네. 그래도 화내지 않고 잘 참았어.

학교 수업 시간에 선생님이 수업 진도를 안 나가고 갑자기 창조론을 믿는 친구들은 손을 들어보라고 하셨다. 그리고 손을 든 친구들에게 왜 창조론을 믿느냐면서 상당히 공격적으로 질문했다. 학생들은 순간 당황했고 선생님의 태도에 많이 실망했다고 말했다. 이렇듯 학교에서 학생들이 크리스천으로 살아갈 때 겪는 어려움들이 많이 있다. 또 학교에서 크리스천으로 살아갈 때 상당히 유혹을 많이 받는다. 제자훈련을 하는데 남학생 한 명이 이렇게 말했다.

학생: 목사님. 한 주 동안 많이 힘들었습니다.

나: (놀람) 왜? 무슨 일 있었어?

학생: 네. 요즘에 학교에서 방학이 며칠 안 남아서 수업 진도를 안 나가거든요. 그래서 반 아이들이 다 자거나 핸드폰을 하고 있어요.
저도 학교에서 수업 진도를 안 나가니까 성경책을 좀 읽으려고 했는데 주변에 친구들의 시선이 좀 그래서 저도 핸드폰만 계속하게 되더라고요. 거의 수업이 끝나는 시간까지 계속 핸드폰 게임만 했었어요.

나: 아~ 그래? 너네 핸드폰 반에 안 내는 거야?

학생: 네. 지금은 핸드폰을 안 내고 있어요. 그래서 한 주 동안 계속 핸드폰하고 잠 오면 자고 이 생활만 반복했어요. 그 시간에 책도 읽고 성경도 읽어야 하는 데 정말 쉽지 않네요.

나: 그래. 옆에서 다 자고 핸드폰 하면 나도 하고 싶어질 것 같아.
이번 주는 마음 굳게 먹고 네가 계획한 것들을 실천해 보자. 힘내. 파이팅!

학생: 네. 목사님!

이 친구는 특성화고를 다니는 남학생이었는데 방학이 며칠 남지 않았는데 학교에서 수업을 하지 않아서 친구들이 다 자거나 핸드폰만 한다고 말했다. 그래서 자신은 성경을 좀 읽으려고 했는데 남자들만 있는 학교라서 혹여나 성경책을 꺼냈다가 아이들이 놀릴까 봐 꺼내지 않고 자신도 핸드폰 게임만 하루 종일 했다고 말했다. 이렇듯 크리스천 청소년들이 학교에서 말씀을 따라 살아갈 때 부딪치는 것들 유혹 받는 것들이 참 많이 있다.

그래서 우리는 하나님과 세상 사이에 한 발씩 걸쳐 있는 경우가 많다. 내가 힘들 땐 하나님을 찾고 즐기고 싶을 땐 세상을 찾는 경우다. 양쪽에 다 발을 걸치고 있어서 아주 유연하게(?) 행동할 수 있다. 하지만 우리가 크리스천이라면 양쪽에 발을 걸칠 수 없다. 하나님께서는 하나님을 택하든 세상을 택하든 반드시 한 곳을 선택하라고 말씀하신다.

당신은 현재 어느 쪽에 발을 걸치고 있는 사람인가?

1. 이스라엘을 괴롭게 하는 자는 엘리야가 아니라 바로 아합 왕이다!

엘리야를 볼 때에 아합이 그에게 이르되 이스라엘을 괴롭게 하는 자여 너냐 그가 대답하되 내가 이스라엘을 괴롭게 한 것이 아니라 당신과 당신의 아버지의 집이 괴롭게 하였으니 이는 여호와의 명령을 버렸고 당신이 바알들을 따랐음이라 그런즉 사람을 보내 온 이스라엘과 이세벨의 상에서 먹는 바알의 선지자 사백오십 명과 아세라의 선지자 사백 명을 갈멜산으로 모아 내게로 나아오게 하소서 아합이 이에 이

> 스라엘의 모든 자손에게로 사람을 보내 선지자들을 갈멜산으로 모으니라 엘리야가 모든 백성에게 가까이 나아가 이르되 너희가 어느때까지 둘 사이에서 머뭇머뭇 하려느냐 여호와가 만일 하나님이면 그를 따르고 바알이 만일 하나님이면 그를 따를지니라 하니 백성이 말 한 마디도 대답하지 아니하는지라(왕상 18:17-21).

아합왕은 엘리야를 향해 이스라엘을 괴롭게 하는 자라고 말한다.

그렇다면 아합왕은 왜 엘리야에게 이스라엘을 괴롭게 하는 자라고 말했을까?

왜냐하면 북이스라엘에 삼 년 동안 비가 내리지 않았기 때문이다.

선지자 엘리야는 내 말이 없으면 수년 동안 비도 이슬도 있지 아니할 것이라고 말했다. 그리고 실제로 엘리야의 예언대로 삼 년째 북이스라엘에 비가 내리지 않고 있었다.

그렇다면 왜 엘리야는 아합왕에게 하나님께 맹세까지 하면서 비가 내리지 않을 것이라고 말했을까?

아합왕은 그 이전의 왕들보다 하나님께서 보시기에 더욱 악을 행했던 왕이었다. 아합왕은 다른 왕들이 하지 않았던 일을 했는데 그는 백성이 섬기는 신을 바알로 바꿔버렸기 때문이었다. 그렇게 아합왕의 영향력 아래 이스라엘 백성이 마음 놓고 바알을 섬긴 것이다. 하나님께서는 그런 이스라엘 백성의 모습을 보시고 선지자 엘리야를 통해 이스라엘에 앞으로 수년 동안 비를 내리지 않겠다고 말씀하셨다.

그 결과 북이스라엘에 무려 삼 년 동안 비가 내리지 않았다. 아무리 젖과 꿀이 흐르는 땅이라 하더라도 비가 내리지 않으면 살 수 없는 땅으로 변해버리고 만다.

이제 삼 년이 지나자 하나님께서 엘리야를 불러 아합왕에게 가서 비를 주시겠다고 하신다.

삼 년 만에 엘리야를 본 아합왕이 뭐라고 말하는가?

"이스라엘을 괴롭게 하는 자여 너냐?"라고 말한다.

아직 아합왕은 이 모든 기근의 원흉이 엘리야라고 생각하고 있다. 아합은 자신과 이스라엘 백성의 죄악이 무엇인지 깨닫지 못하고 있다. 엘리야는 그런 아합왕을 향해 이렇게 말한다.

> 내가 이스라엘을 괴롭게 한 것이 아니라 당신과 당신의 아버지의 집이 괴롭게 하였으니 이는 당신이 여호와의 명령을 버렸고 바알들을 따랐기 때문이오!

왜 이스라엘 백성과 아합왕이 이렇게 심한 기근을 겪고 있는가?
왜 하나님은 이스라엘 백성에게 삼 년 동안 비를 주지 않으실까?
왜냐하면, 이스라엘 백성과 아합왕이 하나님을 따르지 않고 바알을 따르고 있기 때문이다.

엘리야는 아직까지 자기 죄악을 깨닫지 못하는 아합왕에게 바알의 선지자 450명과 아세라 선지자 400명을 갈멜산으로 모아 오라고 한다. 시간이 지나고 드디어 대결 날짜가 다가왔을 때 그 대결을 보기 위해 많은 이스라엘 백성이 모여들었다. 그리고 엘리야는 구경하러 모인 이스라엘 백성에게 아주 중요한 말을 한다.

　엘리야가 말하길 "하나님이 참 하나님이면 하나님을 따르고 바알이 만일 하나님이면 그를 따르라"라고 말한다. 그런데 여기서 아주 중요한 장면이 나온다.

　엘리야의 말을 들은 이스라엘 백성의 반응이 어떤가?

　아무런 반응이 없다.

　그렇다면 왜 이스라엘 백성은 엘리야의 말에 단 한마디도 대답하지 않았던 것일까?

　이스라엘 백성은 삼 년 동안 기근이 심해지면서 바알에게 많은 기도를 했을 것이다. 그런데 아무리 바알에게 기도해도 비가 오지 않았다. 온갖 방법을 총동원해 봐도 비가 오지 않았다. 그러자 이스라엘 백성의 마음에 바알에 대한 의구심이 점점 들기 시작했다. 가나안 땅에 비를 내리는 신이 바알이라고 철석같이 믿었는데 이제 바알이 참 신이 아니란 걸 깨닫게 된 것이다. 하지만 그렇다고 이제 와서 하나님을 따른다고 하기엔 바알이 자기들에게 주는 쾌락과 정욕의 즐거움이 너무나 크다. 바알을 따르면 성의 자유가 있다. 자기들이 마음대로 해도 뭐라고 하지 않는다.

　즉, 하나님이 비를 주관하시는 참 신인걸 알겠는데 바알이 이제 거짓된 우상이라는 것을 알겠는데 바알이 주는 육체의 즐거움과 쾌락이 크니까 바알을 버리고 싶지 않은 것이다(당시 바알은 성적으로 상당히 음란한 종교였다). 엘리야는 그런 이스라엘 백성을 향해 어느 때까지 둘 사이에서 머뭇머뭇하려느냐고 말하면서 이제 결정을 하라고 말한다. 즉, 하나님이 참 하나님인 것을 알았으면 바알을 완전히 버려야 한다고 말하는 것이다.

우리가 주목해야 하는 것은 엘리야와 바알 선지자들이 펼치는 대결의 승패가 아니다. 왜냐하면, 당연히 승패의 결과는 하나님의 편인 엘리야의 승리이기 때문이다. 우리가 주목할 것은 바로 이스라엘 백성이 단 한마디도 하지 않은 것에 주목해야 한다. 왜냐하면, 이스라엘 백성의 모습 속에서 현재를 살아가는 우리의 모습을 되돌아볼 수 있기 때문이다.

하나님이 참 신이심을 알겠는데 여전히 세상이 주는 쾌락과 정욕의 즐거움이 너무 좋아서 세상을 완전히 버리지 못하고 한 다리 걸쳐서 있는 이스라엘 백성의 모습 속에서 우리의 모습을 볼 수 있기 때문이다.

2. 예수님은 우리의 주인이시며 왕이시다!

제자훈련을 하면 내가 아이들에게 꼭 하는 말이 있다.

나: 얘들아. 목사님이 너희들에게 한 가지 물어볼 게 있어.

학생들: 뭐예요? 목사님?

나: 너희들 예수님을 믿는다는 것이 정확하게 무슨 뜻인 줄 아니?

학생들: 음? …

나: 예수님을 믿는다는 것은 예수님께서 우리를 위해 십자가에 죽으시고 부활하신 것을 믿는 것이 다가 아니야.

학생들: (놀람) 그럼요?

나: 예수님을 믿는다는 것은 예수님께서 우리를 위해 십자가에 죽으시고 부활하셨고 이제 그 예수님을 나의 왕으로 주인으로 인정하고 살아가는 것이 예수님을 믿는다는 거야. 얘들아. 크리스천은 삶의 모든 영역에서 예수님을 왕으로 인정하고 살아가는 사람들이란다.
교회에서만 예수님을 예배하는 것이 아니라 너희가 학교에 있을 때도 학원에 있을 때도 길거리를 걸어갈 때도 심지어 화장실에 있을 때까지 예수님이 나의 왕이시라는 사실을 잊어서는 안돼.

학생들: (고개 끄덕이며) 아~ 네. 알겠습니다. 목사님.

크리스천은 삶의 모든 영역에서 예수님을 주인으로 모시고 살아가는 사람들이다. 교회에서만 예수님을 생각하는 것이 아니라 당신이 속한 모든 곳에서 예수님을 왕으로 모시고 살아가는 사람들이다. 크리스천은 세상에서도 예수님을 왕으로 모시고 살아가는 사람들이기에 세상에 한 발짝 걸치려고 하지 않는다. 오히려 자기 연약함을 예수님 앞에 나와서 기도하며 세상에서 예수님의 말씀대로 살기 위해 간절히 하나님의 은혜를 구하며 나아 간다.

크리스천도 다른 사람들처럼 유혹을 받는다. 화도 나고 짜증도 나고 유혹도 느끼고 원망도 들고 시기와 질투하는 마음도 있다. 그러나 그런 자기 연약함과 죄악을 알고 예수님 앞에 나아와서 거룩하게 살기 위해 처절하게 몸부림을 치는 것이다. 그리고 이렇게 몸부림치는 이유는 누가 알아주기 때문에 하는 것이 아니다. 바로 예수그리스도가 나의 왕이시며 주인이시기 때문에 우리는 감사함과 기쁨으로 우리의 정욕까지 내려놓으며 살아가려고 하는 것이다.

당신은 당신의 모든 영역에서 예수그리스도를 왕으로 인정하고 그분의 뜻대로 살아가려고 하고 있는가?
아니면 "예수님 제가 예수님을 너무 사랑하는데 이것만큼은 양보할 수 없습니다." 하는 것은 없는가?
나에게 유익이 되는 일이라면 설령 이것이 하나님 보시기에 악할지라도 딱 한 번 눈 감고 '나중에 잘못했다고 하면 되지!' 하면서 내 유익과 내 뜻대로 행동한 적은 없는가?

지금 당장의 어려움을 피하기 위해 설령 이것이 하나님께서 기뻐하시는 것이 아니라 할지라도 '이 순간만 잘 넘기면 괜찮을 거야. 결국 아무 일도 일어나지 않으니까 나중에 회개하면 괜찮겠지!' 하면서 행동한 적은 없느냐는 것이다.

이런 것들이 점점 쌓이면 이스라엘 백성이 삼 년의 기근을 겪고 있는 것처럼 우리에게도 기근과도 같은 상황이 찾아오게 될지 모른다. 왜냐하면, 하나님께서 이스라엘 백성이 하나님만이 참 신이심을 알기 바라셨던 것처럼 우리에게도 하나님이 참 왕이심을 알기 원하시기 때문이다.

어쩌면 지금 우리에게 이스라엘 백성에게 삼 년 동안 기근이 왔던 것과 같은 고통과 어려움이 있지는 않은가?

하지만 기근과도 같은 상황이 우리에게 정작 고통 같지만 고통이 아니다. 우리가 더욱 예수님만 바라보고 의지하게 하려는 예수님의 인도하심이다.

우리는 매일 세상 속에서 현실의 삶 속에서 이스라엘 백성처럼 하나님을 참 하나님으로 인정하고 따라야 할지 아니면 바알을 인정하고 따라야 할지 선택해야 한다. 즉, 세상에 속해서 살아갈 때 세상의 죄악 된 문화와 가치관에 따라 살 것인지 아니면 세상 속에서 하나님을 따라 살아야 할지 매일 선택해야 한다.

나는 당신이 살아가는 모든 곳에서 하나님을 왕으로 인정하며 살아가는 사람이 되기를 바란다. 하나님은 하나님을 위해 살고자 하는 사람들을 절대로 망하게 내버려 두지 않으신다. 하나님의 선하신 방법대로 인도하심을 믿는다.

1. 예수님을 믿음으로 손해를 보거나 핍박을 받은 적이 있습니까?
   (함께 나눠 봅시다.)

2. 왜 이스라엘에 비가 삼 년 동안 내리지 않았나요?
   아합 왕의 모습 속에서 우리의 모습을 보고 있지 않나요?

3. 왜 이스라엘 백성은 침묵했을까요?

4. 예수님을 믿는다는 것은 예수님을 나의 주인으로 인정하는 것입니다.
   여러분은 삶의 모든 영역에서 예수님을 왕으로 인정하고 살아가고 있습니까?

5. 우리에게 바알이 있다면 무엇입니까?
   어떻게 하면 바알을 끊어버릴 수 있을까요?

크리스천은 코로나19와 같은 재난 속에 어떻게 해야 하나요?

(히스기야와 앗수르)

당신은 <감기>라는 영화를 본 적이 있는가?

<감기>는 2013년에 대한민국에서 개봉한 영화이다. 감기는 한국 영화 사상 처음으로 바이러스의 감염 공포를 다룬 영화이다. <감기>의 줄거리는 다음과 같다. 한국으로 몰래 밀입국을 한 외국인들을 분당으로 실어 나른 한 남자가 원인불명의 바이러스에 감염되어 사망한다. 환자가 사망한 지 24시간이 되지 않아 분당의 모든 병원에서 동일한 환자들이 속출한다. 사망자들은 기하급수적으로 늘어나지만 분당의 시민들은 무방비 상태로 바이러스에 노출된다.

감염의 공포가 대한민국을 엄습하고, 호흡기를 통해 감염되는 이 바이러스는 감염이 되면 36시간 내 사망에 이르는 사상 최악의 바이러스였다. 그래서 정부는 바이러스의 2차 확산을 방지하기 위해 국가 재난 사태를 발령했으며 급기야 도시 폐쇄라는 초유의 결정을 내린다. 그러나 피할 시간도 없이 격리된 사람들은 혼란에 휩싸이게

되고 재난 속에서 살아남기 위한 사람들이 목숨 건 사투를 벌이는 그런 내용의 영화이다.

그런데 여기서 우리가 주목할 점이 하나 있다. <감기> 영화를 제작한 감독은 영화를 처음 만들 때 한 가지 큰 고민이 있었다고 한다. 현실에서는 이런 바이러스에 의한 공포를 한 번도 겪은 적이 없기에 어떻게 바이러스로 공포에 사로잡힌 사람들의 모습을 촬영할 수 있을까에 대한 고민이었다. 그래서 감독은 바이러스로 공포에 사로잡힌 사람들을 현실감 있게 표현하기 위해서 '나에게 정말 이런 일이 일어나면 어떻게 대처할까?'라는 질문을 자주 던졌다고 한다.

나도 이 영화가 개봉했을 때 영화를 봤는데 영화를 보는 내내 상당한 긴장감이 흘러넘쳤다. 영화가 끝나는 순간까지 손에 땀이 나는 것을 모를 정도로 영화에 몰두했다. 그렇게 영화가 끝나고 집으로 오는데 아내가 나에게 이렇게 말했다.

아내: 여보. 오늘 영화 어땠어요?

나: 응. 좀 무섭기도 했는데 긴장감 넘치고 스릴 있었어.

아내: 나도 그랬어요. 잠시도 눈을 떼지 못하겠더라고요.
그런데 영화를 보는데 이런 생각이 들었어요.
만약에 실제로 그런 일이 일어나면 어떻게 될까? 하고 말이에요.

나: 음 … 실제로 이런 일이 생기면 정말 무서울 것 같아.
그래도 설마 이런 일이 생기기야 하겠어? 괜찮으니까 안심하세요!

그런데 2013년에 만들어졌던 <감기>가 지금 다시 재조명을 받고 있다. 그 이유는 영화에서 일어날 법한 일이 현실에서도 일어났기 때문이다. 2019년에 대한민국을 비롯해 전 세계에 코로나19라는 바이러스가 퍼져나갔기 때문이다. 코로나19로 인해 전 세계가 큰 고통을 당했으며 수많은 사람이 코로나19로 인해 사망했다. 그리고 이 바이러스는 지금도 현재진행형이다.

코로나19가 대한민국에 처음 퍼졌을 때 많은 어려움이 있었다. 마스크를 구하기 위해 많은 사람이 약국 앞에서 줄을 서서 기다리는 진기한 일들이 일어났다. 식당도 예전처럼 자유롭게 들어갈 수 없었다. 그리고 어디에서나 마스크를 쓰고 다녀야 했다. 코로나19가 대한민국에서 처음 심하게 퍼져갔을 때 그 시작이 대구였다. 신천지로 인해 대구에서 확진자들이 수천 명이 나왔다. 나는 그 당시 대구에 있었는데 대구에서 마스크를 구하기가 너무 어려워서 주변 친척들이 마스크를 사서 보내 주는 일도 있었다.

코로나19는 크리스천 청소년들에게도 많은 영향을 끼쳤다. 몇 개월 동안 학교에 갈 수 없었다. 확진자가 많이 나오면 학교를 가지 않고 집에서 온라인 수업을 진행했다. 아침에 집에서 출석 체크를 하고 영상 수업을 받는 신기한 일이 일어났다. 학교에 가서도 마스크를 끼고 수업받아야 했다. 그리고 무엇보다 교회에 나올 수 없었다. 교회에서 현장 예배를 드릴 수 없어서 영상 예배로 전환해야 했다. 이렇게 코로나19로 크리스천 청소년의 생활이 너무 많이 변했다.

나는 이런 암울한 현실 속에서 한 가지 의문이 들었다.

전 세계적으로 전염병이 유행해서 많은 사람들이 죽어가는 이 암울한 현실 속에서 하나님께서 하나님의 백성에게 원하시는 것이 과연 무엇인지에 관한 것이었다.

코로나 시대를 살아가는 우리에게 하나님께서 원하시는 것은 과연 무엇일까?

코로나19 속에서 우리는 어떤 모습으로 살아가야 할까?

이 질문은 우리에게 굉장히 중요한 질문이다. 왜냐하면, 이 질문 속에서 하나님께서 주시는 답을 찾지 못하면 옳지 못한 길을 걸어갈 수 있기 때문이다.

오늘 당신과 함께 나눌 주제는 코로나19처럼 엄청난 재난과 전염병 속에서 하나님께서 하나님의 백성에게 무엇을 원하시는지 함께 살펴보고자 한다.

1. 앗수르 군대가 남유다 왕국을 침공하다!

히스기야 왕 제십사 년에 앗수르의 왕 산헤립이 올라와서 유다 모든 견고한 성읍들을 쳐서 점령하매 유다의 왕 히스기야가 라기스로 사람을 보내어 앗수르 왕에게 이르되 내가 범죄하였나이다 나를 떠나 돌아가소서 왕이 내게 지우시는 것을 내가 당하리이다 하였더니 앗수르 왕이 곧 은 삼백 달란트와 금 삼십 달란트를 정하여 유다 왕 히스기야에게 내게 한지라 히스기야가 이에 여호와의 성전과 왕궁 곳간에 있는 은을 다 주었고 또 그때에 유다 왕 히스기야가 여호와의 성전 문의 금과 자기가 모든 기둥에 입힌 금을 벗겨 모두 앗수르 왕에게 주었더라 (왕하 18:13-16).

히스기야가 남유다 왕이 된 지 14년째가 되었을 때 큰일이 일어났다. 앗수르의 왕 산혜립이 남 유다를 쳐들어 온 것이다. 앗수르는 그 당시 중동의 패권자이자 신흥 강대국이었다. 주변의 모든 나라를 정복해갔다. 그 당시 앗수르는 이미 북이스라엘을 멸망시켰으며 이제 그 눈을 남 유다까지 돌린 것이다.

그렇다면 앗수르가 남유다를 쳐들어 온 결정적인 이유가 무엇인가? 히스기야가 앗수르 왕을 배반하고 앗수르 왕을 섬기지 않았기 때문이다. 히스기야는 더 이상 앗수르의 지배를 받지 않고 앗수르의 지배를 벗어나겠다는 뜻을 가지고 있었다.

당시 히스기야는 남 유다 왕국의 왕으로 하나님을 신실하게 섬겼다. 히스기야는 25세에 왕위에 올라 남 유다를 개혁했다.

첫째, 히스기야는 산당을 없애 버렸다.

산당은 당시 이방인들이 신을 섬기는 곳이었다. 하나님께서 이스라엘 백성에게 산당을 제거하라고 말씀하셨지만, 그들은 산당을 제거하지 않았다. 오히려 산당에서 하나님을 섬기기도 하고 우상을 섬기기도 했다. 산당은 하나님과 우상을 함께 섬기는 혼합주의 신앙을 보여주는 것이었다. 히스기야는 그런 산당을 완전히 제거해 버린 것이다.

둘째, 히스기야는 아세라 목상을 없애버렸다.

하나님께서는 이스라엘 백성에게 아세라 상을 불살라 완전히 없애버리라고 말씀하셨다. 하지만 이스라엘 백성은 가나안 땅에서 바알과 아세라를 섬겼으며 바알과 아세라는 이스라엘 백성의 삶에

뿌리 깊게 스며들었다. 히스기야는 왕이 되자 아세라 목상을 없애 버렸다.

셋째, 히스기야는 놋 뱀을 없애 버렸다.

그렇다면 놋 뱀은 무엇인가?

놋 뱀은 이스라엘 백성이 광야에서 하나님을 원망하다가 하나님께서 보내신 불뱀에 물려 죽어갈 때 하나님께서 모세에게 만들라고 하신 것이다. 그래서 이스라엘 백성이 불뱀에 물려 죽어 가고 있을 때 모세가 만든 놋 뱀을 쳐다본 사람들은 다 치유를 받을 수 있었다.

하지만 시간이 지나고 놋 뱀은 우상이 되어 버렸다. 이스라엘 백성이 하나님을 의지하지 않고 놋 뱀을 의지하게 된 것이다. 히스기야는 과감히 놋 뱀을 부숴 버렸다. 산당, 아세라, 놋 뱀은 이스라엘이 끊기 힘든 악한 전통이었으며 히스기야는 그것을 과감히 제거했고 하나님께서는 그런 히스기야를 정직한 사람이라고 말씀하셨다. 하나님께서는 히스기야와 함께하셨고 히스기야가 어디로 가든지 형통케 하셨다.

그렇게 히스기야는 하나님만 섬겼기에 더 이상 앗수르에게 조공을 바치고 섬기는 일을 그만두었던 것이다. 하지만 앗수르는 결코 만만한 상대가 아니었다. 남유다 왕국이 더 이상 조공을 바치지 않자 앗수르의 왕 산헤립이 군대를 이끌고 쳐들어온 것이다. 앗수르의 군대는 강했고 파죽지세로 유다의 모든 성읍을 정복했다. 이제 남유다는 수도 예루살렘 성만 남아 있다. 히스기야는 절박했고 이 위기를 극복하기 위해 앗수르 왕에게 신하를 보내 이렇게 말했다.

> 내가 항복하겠습니다. 제발하라는 대로 할 테니 군대를 물려주세요.

앗수르 군대가 쳐들어왔을 때 히스기야는 앗수르 군대를 충분히 물리칠 수 있다고 생각했다. 하지만 히스기야의 생각과 다르게 유다의 모든 성읍이 정복당했고 예루살렘만 남게 되었다. 이제 앗수르가 예루살렘으로 진격해 들어오자 히스기야는 엄청난 불안과 두려움에 휩싸였던 것이다.

그리고 고민 끝에 히스기야는 사람을 보내서 항복했다. 히스기야의 백기를 본 앗수르 왕은 엄청나게 많은 재물을 요구했다. 그러자 히스기야는 앗수르 왕이 요구한 재물을 다 내어줬다. 심지어 은과 금이 부족했던지 하나님의 성전에서까지 은과 금을 떼어서 앗수르 왕에게 조공으로 바쳤다.

하지만 여기서 끝이 아니었다. 앗수르 군대는 물러간 것 같았지만 얼마 후 다시 남유다를 침공했다. 앗수르 왕은 자기 부하들을 보내 예루살렘을 정복하고 히스기야를 죽이라고 말했다. 이제 히스기야는 코너에 완전히 몰렸다.

더 이상 재물로도 앗수르 왕의 마음을 돌릴 수 없다. 이런 절망적인 상황 속에서 히스기야는 마지막으로 무엇을 했을까?

> 히스기야가 사자의 손에서 편지를 받아보고 여호와의 성전에 올라가서 히스기야가 그 편지를 여호와 앞에 펴 놓고 그 앞에서 히스기야가 기도하여 이르되 우리

> 하나님 여호와여 원하건대 이제 우리를 그의 손에서 구원하옵소서 그리하시면 천하만국이 주 여호와가 홀로 하나님이신 줄 알리이다 하니라(왕하 19:14-15,19).

마지막 절망적인 상황 속에서 히스기야가 했던 행동은 무엇인가? 히스기야는 앗수르 사자가 가져온 항복 요구가 적힌 편지를 성전에 가지고 올라가 그 편지를 하나님 앞에 펴 놓고 기도했다. 히스기야는 마지막이 되어서야 하나님께 나아갔고 하나님을 애타게 찾았다.

코로나19가 한창일 때 내가 담당하던 고등부에도 보이지 않는 학생들이 많이 있었다. 그 아이들은 코로나19 이후 더 이상 예배에 참석하지 않았다. 눈에 보이지 않는 하나님보다 눈에 보이는 전염병을 더 무서워했고 이럴 땐 예배에 가지 않는 것이 최우선이라고 생각했다.

코로나19 시대에 하나님께서 우리에게 원하시는 모습이 무엇일까? 우리가 교회를 잠시 떠나는 것이 하나님께서 원하시는 것일까?

하지만 그것은 탁월한 선택이 아니다. 잘못된 선택이다. 그런 모습은 히스기야가 앗수르의 예루살렘 침공을 앞두고 겁에 질려 항복한 모습과 다르지 않다.

그렇다면 세계적으로 유행하는 전염병 속에서 하나님께서 자녀들에게 원하시는 모습은 과연 무엇일까?

하나님께서 오늘 우리에게 원하시는 것은 앗수르의 위협에 절박한 심정으로 하나님께 기도하러 나온 히스기야의 모습이다. 나는 코로나19 또한 하나님의 다스림 가운데 있다고 믿는다. 코로나19라는

전염병은 세상을 창조하시고 다스리시는 하나님의 허락 없이는 일
어날 수 없는 일이다.

그렇다면 왜 하나님께서는 코로나19라는 전염병이 전 세계에 퍼
지는 것을 허락하셨을까?
어쩌면 이 땅에(세상) 사람들의 죄가 가득 차서 하나님의 심판이 임
해야 하는데 하나님께서 그것을 막기 위해 경고하시는 것은 아닐까?
죄악으로 가득한 인간에게 죄에서 떠나 다시 하나님 앞에 돌아오
라는 하나님의 마지막 신호가 아닐까?

이런저런 예측을 해보지만 우리는 왜 코로나19가 일어났는지 전
혀 알 수 없다. 하지만 코로나19 속에서 우리가 분명히 알 수 있는
사실은 우리가 이 전염병 속에서도 하나님을 간절히 찾고 하나님만
바라보며 기도해야 한다는 것이다.

2. 맥아! 너 나를 위해 죽을 수 있니?

얼마 전 대한민국에 코로나19 오미크론 환자들이 많아지면서 교
회에서 2주 동안 영상으로 예배를 드렸던 적이 있다. 그때 나도 코
로나 오미크론에 확진되어서 집에서 2주 동안 격리를 해야만 했다.
2주 동안 교회를 비롯해 어느 곳도 나갈 수 없었다. 집에만 있는 시
간이 나에게는 많이 힘들고 어려웠다.

교회에 나가서 예배드리고 기도하고 싶은데 그렇게 하지 못하니까 영적으로 지치고 많이 힘들었다. 그렇게 2주가 지나가고 3주 만에 교회에서 다시 예배를 드리게 되었을 때 너무나 기쁘고 감사했다. 그리고 나는 한 가지 굳은 결심을 했는데 원래 매일 가는 새벽 기도를 포함해서 저녁에도 매일 기도를 하러 교회에 가야겠다고 다짐했다.

원래 나는 코로나19가 처음 터졌을 때 한동안 매일 저녁 교회에 기도하러 나갔다. 그러다 코로나19 상황이 점점 좋아지면서 매일 저녁에 나가던 기도를 이틀에 한 번씩 교회에 기도하러 갔다. 그러다 다시 매일 저녁 기도하러 가기로 결심했던 것이다.

기도하러 가기로 다짐한 첫 월요일 저녁, 교회에 도착해서 기도를 하고 있는데 내 마음 한구석에 이런 생각이 들었다.

'그래도 이렇게 기도하러 왔는데 하나님께서 나를 기특하게 여기시겠지?!' 하는 마음이 있었다.

의자에 앉아서 그렇게 기도를 시작했는데 그때 내 마음 가운데 전혀 생각하지 못했던 질문이 하나 떠올랐다. 그 질문은 예수님께서 내 앞에서 직접 물어보시는 것처럼 생생하게 느껴졌다. 그 질문은 다음과 같다.

맥아! 너 나를 위해 죽을 수 있니?

나는 갑자기 내 마음에 이런 질문이 떠오르자 충격을 받았다. 왜냐하면, 내가 전혀 예상하지 못했던 질문이었기 때문이다. 나름

대로 주님을 만나고 싶어서 교회에 기도하러 나왔는데 갑자기 내 마음속에 이런 질문이 떠오르니 어떻게 대답을 해야 할지 몰라 당황했다.

 그리고 나는 그 질문이 떠오른 이후 어떤 말도 할 수 없었다. 왜냐하면, 그 질문이 떠오르고 난 뒤 내 마음속에 지금까지 하나님을 사랑한다고 하면서 아직까지 여러 모습 속에서 하나님께 나를 온전히 맡겨드리지 않고 불신앙을 가지고 있는 모습이 깨달아졌기 때문이었다.

"맥아, 네가 나를 위해 죽을 수 있겠니?"

 이 질문에 숨어있던 내 불신앙이 드러났고 나는 그 어떤 기도도 하나님 앞에 자신 있게 할 수 없었다. 그리고 며칠 동안 매일 같은 질문이 내 가슴속을 떠나가지 않았다.

 나는 매일 저녁 간절히 기도했다.

> 주님 죄로 죽었던 저를 살려주셨는데 제 안에 불신앙이 가득합니다. 주님을 저의 왕으로 주인으로 인정하지 않고 있는 부분들이 너무 많습니다. 주님 이 더러운 죄인을 용서해 주세요.

 그렇게 며칠이 지나고 금요 철야 때 담임목사님의 말씀을 듣고 기도하는 데 내 마음 가운데 말씀 한 구절이 생각났다.

> 형제들아 내가 그리스도 예수 우리 주 안에서 가진 바 너희에 대한 나의 자랑을 두고 단언하노니 나는 날마다 죽노라 (고전 15:31).

예수님께서 나에게 이렇게 말씀하시는 것 같았다.
'맥아, 날마다 죽어야 한다.
날마다 죽는 자만이 나를 위해 죽을 수 있다.'
예수님께서 나에게 날마다 말씀과 기도로 내 자아를 십자가 앞에 죽일 때 예수님을 위해 살 수 있다고 말씀하시는 것 같았다. 나는 그 이후로 더욱 예수님을 향해 간절히 나아갈 수 있었고 지금도 그때의 그 질문을 가슴속에 새기고 있다.

당신은 코로나19 속에서도 하나님을 바라보고 있는가?
하나님께 간절히 기도하고 있는가?
더욱더 당신의 신앙이 뜨거워지고 하나님 없이는 살아갈 수가 없음을 느끼고 있는가?

하나님께서는 하나님의 백성이 간절히 울부짖으며 기도할 때 그 기도에 응답하신다.

> 이 밤에 여호와의 사자가 나와서 앗수르 진영에서 군사 십팔만 오천 명을 친지라 아침에 일찍이 일어나 보니 다 송장이 되었더라 (왕하 19:35).

히스기야가 모든 것을 내려놓고 하나님께 엎드렸을 때 하나님의 역사가 일어났다. 사람이 할 수 없는 일을 하나님께서 단번에 행하셨다. 앗수르는 무너졌고 남 유다 왕국은 앗수르 군대의 손에서 벗어났다. 우리가 섬기는 하나님은 우리의 생각보다 더 위대하신 분이시며 영광 받기에 합당한 분이시다.

전심으로 하나님을 바라보자!
간절히 하나님께 나아가자!
기도하며 부르짖자!
하나님의 은혜를 구하자!

코로나19 시대에 하나님께서 우리에게 바라시는 것은 하나님만 바라보고 의지하는 것임을 명심하자. 코로나19 속에서도 하나님은 당신을 위해 일하고 계신다.

15. 크리스천은 코로나19와 같은 재난 속에 어떻게 해야 하나요?

1. 코로나19 때 제일 힘들었던 점은 무엇인가요?

2. 코로나19를 통해 자신이 신앙적으로 깨닫게 된 것은 무엇인가요?

3. 히스기야는 하나님 앞에 정직한 왕이었습니다.
   그는 왕이 되자 크게 3가지 개혁을 단행합니다. 무엇입니까?

4. 자기는 유혹에 쉽게 넘어가는 편입니까?
   아니면 어떻게 이겨내고 있습니까?

5. 앗수르 왕이 쳐들어오자 히스기야는 어떻게 합니까?

6. 히스기야는 최후의 방법으로 무엇을 했습니까?
   그리고 어떤 일이 일어났습니까?

7. 코로나19 때처럼 크리스천이 놓치지 않아야 하는 것이 무엇인지
   함께 나눠 봅시다.

16

세상에서 성공한 크리스천은 어떤 사람인가요?
(느헤미야의 사명)

당신은 축구 선수 조지 웨아를 알고 있는가?

아프리카에 '라이베리아'라는 나라가 있다. 그 나라에는 축구 영웅으로 유명했던 '조지 웨아'라고 하는 선수가 있다. 지금은 은퇴했지만 1990년대 조지 웨아는 세계 최고의 선수 중 한 명이었다. 그는 우리가 이름만 대도 알 수 있는 명문 팀(AC밀란, 첼시, 맨시티, 기타 등등)에서 활약했으며 아프리카와 유럽에서 최고의 선수상을 받기도 했다. 축구 선수로 모든 것을 이룬 조지 웨아였지만 아직 그에게는 축구 선수로 간절히 바라는 꿈이 한 가지 있었다. 바로 자기 조국 라이베리아의 축구 대표 팀이 월드컵에 출전하는 것이었다.

1994년 미국에서 월드컵 경기가 열릴 때 조지 웨아는 처음으로 라이베리아 축구 대표 팀을 만들었다. 그리고 자신이 직접 감독이 되어서 선수들을 선발했고 자신 또한 선수로 경기에 출전했다. 당시 라이베리아는 인구 300만 명의 조그마한 나라였다. 1980년대부터 나라 안에서 일어난 내전에 의해 20만 명이 목숨을 잃고 80만 명이 난민이 될 정도로 가난한 나라였다. 그래서 라이베리아 축구 대표팀은 국가의 지원을 받을 수 없었다. 조지 웨아는 자기 사비로 경기에 필요한 모든 돈을 내면서 아프리카 지역 예선에 나갔다.

하지만 안타깝게도 라이베리아는 월드컵 예선에 탈락했다. 그러나 조지 웨아는 거기서 주저앉지 않았다. 4년 뒤인 1998년 프랑스 월드컵에도 라이베리아 팀을 이끌고 아프리카 지역 예선에 출전했다. 이번에도 여전히 그는 감독 겸 선수였으며 축구 대표팀의 모든 재정을 내는 후원자이기도 했다. 하지만 이번에도 아프리카 지역 예선에서 탈락한다.

그러나 조지 웨아는 여기서 포기하지 않았다. 그는 4년이 지난 2002년 대한민국에서 열렸던 월드컵에 출전하기 위해 또다시 아프리카 지역 예선에 참석했다. 2002년에 35세였던 조지 웨아는 자기의 마지막 월드컵 도전이라는 것을 알고 있었고 이번만큼은 월드컵에 꼭 나가고 싶어 했다.

그렇게 라이베리아 대표팀은 지역 예선에서 좋은 경기를 펼쳐서 마지막 한 경기에 따라 월드컵에 진출할 수도 있었다. 하지만 아쉽게도 마지막 경기에서 나이지리아가 승리하는 바람에 2002년 월드컵 진출에 실패했다. 그런데 조지 웨아의 실력이 한창일 때 프랑스 축구 협회에서 연락이 왔다. 프랑스는 조지 웨아에게 프랑스로 귀화해서 프랑스 국가 대표로 뛰어달라고 요청했다.

그 당시 프랑스가 어떤 팀이었는가?

프랑스는 지단을 중심으로 월드컵에서 우승할 정도의 막강한 팀이었다.

조지 웨아가 프랑스의 요청에 응하면 프랑스 대표팀으로 월드컵에 출전해서 우승을 할 수도 있었다. 그런데 조지 웨아는 프랑스의 요청을 거절했다. 왜냐하면, 자기 꿈은 월드컵에 진출하는 것이 아니라 자기 조국인 라이베리아 팀과 함께 월드컵에 나가는 것이었기 때문이다.

조지 웨아가 이토록 라이베리아 축구 대표팀을 이끌고 월드컵에 진출하고 싶어 했던 이유는 무엇이었을까?

그는 자기 조국이 월드컵에 나가서 라이베리아 국민들이 희망을 얻고 위로받기를 원했다. 조지 웨아는 자기 조국 라이베리아를 진심으로 사랑했다. 그는 FIFA 올해의 선수상으로 받은 상금 전액을 조국의 어린이들을 위한 자선기금으로 쾌척했다. 그뿐만 아니라 많은 자선활동으로 조국을 위해 섬겼다.

한 기자가 조지 웨아에게 이렇게 물었다.

"그렇게 어렵게 번 돈을 왜 이름도 모르는 아이들에게 나누어 주는가?"

그때, 조지 웨아는 다음과 같이 반문하기도 했다.

"당신은 돈이 부모나 친구, 조국보다 더 소중하단 말인가?"

그리고 놀랍게도 지금 조지 웨아는 라이베리아의 대통령이 되었다.

나는 조지 웨아가 기독교인은 아니지만, 조국을 사랑해서 자기 영광을 뒤로한 채 조국을 위해 헌신했던 그의 모습을 보면서 많은 도전을 받았다. 나도 내가 태어나고 자란 대한민국을 사랑하고 있는지 돌아보는 시간이 되었다. 그리고 나는 조지 웨아를 통해 당신에게 소개하고 싶은 사람이 한 명 있다.

1. 페르시아의 술 맡은 관원 느헤미야! 예루살렘을 위해 울다

> 하가랴의 아들 느헤미야의 말이라 아닥사스다 왕 제이십 년 기슬르 월에 내가 수산 궁에 있는데 내 형제들 가운데 하나인 하나니가 두어 사람과 함께 유다에서 내게 이르렀기로 내가 그 사로잡힘을 면하고 남아 있는 유다와 예루살렘 사람들의 형편을 물은즉 그들이 내게 이르되 사로잡힘을 면하고 남아 있는 자들이 그 지방 거기에서 큰 환난을 당하고 능욕을 받으며 예루살렘 성은 허물어지고 성문들은 불탔다 하는지라 내가 이 말을 듣고 앉아서 울고 수일 동안 슬퍼하며 하늘의 하나님 앞에 금식하며 기도하여 주여 구하오니 귀를 기울이사 종의 기도와 주의 이름을 경외하기를 기뻐하는 종들의 기도를 들으소서 오늘 종이 형통하여 이 사람 앞에서 은혜를 입게 하옵소서 하였나니 그때에 내가 왕의 술 관원이 되었느니라(느 1:1-4, 11).

당신은 느헤미야를 알고 있는가?

느헤미야는 그 당시 중동의 패권을 차지했던 페르시아에서 왕의 술 맡은 관원이었다. 그 당시 왕의 술맡은 관원은 아무나 되는 것이 아니었다. 술 맡은 관원은 왕이 먹는 모든 음식과 음료를 관리하는 아주 중요한 자리였다. 당시 페르시아 제국에서는 언제나 왕의 암살 위험이 있었기 때문에 왕은 술 맡은 관원을 뽑을 때 자기 목숨을 믿고 맡길 수 있는 신하를 뽑아야 했다.

그리고 술 맡은 관원은 언제나 왕과 동행해야 했기에 지혜로워야 했으며 정직해야 했다. 그리고 어느 순간에서든 왕을 지킬 수 있는 무예까지 갖추어야 했다. 그렇게 느헤미야는 왕의 신임을 받는 페르시아에서 성공한 정치인이었다. 그런데 어느 날 느헤미야가 자기 조국이 처한 현실을 듣게 된다. 그 소식은 페르시아에서 예루살렘으로 귀환한 이스라엘 백성이 성전은 재건했지만 성벽을 짓지 못해 이방 민족에게 환난과 능욕을 받고 있다는 소식이었다. 느헤미야는 그 소식을 듣고 울며 슬퍼하며 금식하며 하나님께 간절히 기도했다.

그렇게 나라를 위해 울며 기도하던 느헤미야는 한 가지 큰 결심을 한다. 자신이 직접 예루살렘으로 돌아가서 성벽을 쌓겠다는 결심이었다. 느헤미야는 왕의 허락을 받고 사람들을 이끌고 예루살렘으로 돌아간다. 그리고 그곳에서 이방 민족에 의해 환난과 능욕을 받으며 고통받던 유대인들을 데리고 성벽을 쌓기 시작한다. 하지만 성벽을 쌓는 것은 정말 쉽지 않은 일이었다. 왜냐하면, 주위 이방 민족에서 이스라엘이 성벽을 쌓지 못하도록 훼방을 놓았기 때문이다.

이방 민족들은 이스라엘이 성을 쌓아서 강해지는 것을 원하지 않았다. 그래서 느헤미야를 처음에는 회유도 해보고 유혹도 해보고 나중에는 살해 협박까지 하고 심지어 죽이려고까지 했다. 하지만 느헤미야는 다른 이방 민족의 협박과 유혹에도 굴하지 않고 묵묵히 백성을 독려하며 성벽을 쌓아 올렸다. 그리고 느헤미야와 이스라엘 백성은 마침내 52일 만에 성벽을 다 쌓아 올렸다. 드디어 성벽을 완성한 것이다. 그런데 성벽을 완성하자 이스라엘 백성에게 아주 놀라운 일이 일어났다.

도대체 이스라엘 백성에게 어떤 일이 일어난 것일까?

이스라엘 백성이 일제히 수문 앞 광장으로 모여 에스라에게 모세의 율법 책을 가져올 것을 요청했다.

그 이유가 무엇인가?

이스라엘 백성이 에스라로 하여금 하나님의 말씀을 가지고 와서 낭독하게 함으로 하나님의 뜻을 알고자 했던 것이다.

그런데 여기서 우리가 주목할 것이 있다. 말씀을 자세히 보면 에스라가 먼저 율법책을 가져와 백성 앞에서 읽고 가르친 것이 아니었다. 백성이 먼저 율법책을 가르쳐달라고 한 것이었다.

그렇다면 이스라엘 백성은 왜 하나님의 말씀을 알기를 원했던 것일까?

느헤미야와 이스라엘 백성이 성벽을 52일 만에 쌓아 올리자 그 모습을 보면서 놀란 사람들이 있었다. 바로 이스라엘의 원수였던 주위의 이방 민족들이었다. 그들은 느헤미야와 이스라엘 백성이 성벽을 쌓지 못하도록 협박과 유혹을 밥 먹듯이 했지만 결국 아무것도 할 수 없었다. 그리고 느헤미야와 이스라엘 백성이 52일 만에 성벽을 다 쌓았다는 소식을 듣고 크게 두려워하고 낙담했는데 그 이유는 하나님께서 역사하신 것을 알게 되었기 때문이다.

그리고 중요한 것은 성벽을 건축하는 과정에서 이스라엘 백성 또한 하나님께서 자신들과 함께 하고 계심을 알게 되었다. 52일 만에 성벽을 완공하면서 하나님께서 자신들을 보호하시고 인도하신다는 것을 체험했으며 이제 그 하나님을 알고자 하는 갈급함이 생겼다. 그래서 하나님을 더 알고자 그들이 함께 모여 하나님의 말씀을 듣고자 했던 것이다. 그리고 이것이야말로 느헤미야가 하나님께 간절히 원했던 것이며 예루살렘으로 돌아온 이유였다.

느헤미야의 사명은 단순히 성벽을 쌓는 것으로 끝나는 것이 아니었다. 느헤미야의 사명은 이스라엘 백성이 예루살렘에서 성을 완성하고 다시 자리를 잡는 것으로 끝나는 것이 아니었다. 느헤미야가 정말로 간절히 원했던 것은 이스라엘의 영적 부흥과 회복이었다.

예루살렘 전체가 하나님의 말씀으로 회복되고 이스라엘 백성이 하나님께로 돌아오는 것이었다. 내가 당신에게 느헤미야에 관해 이렇게 설명하는 이유는 하나님께서는 오늘도 하나님을 위해서 일할 사람들을 찾고 계신다는 것이다. 느헤미야처럼 하나님을 위해서 세상과 타협하지 않고 유혹에 넘어가지 않고 하나님의 나라를 위해서 성벽을 쌓아 올릴 수 있는 백성을 찾고 계신다.

2. 지금 당신도 느헤미야가 될 수 있다

나는 한 가지 소망이 있다. 이 땅에 많은 크리스천 청소년들이 사회 곳곳에서 하나님의 선한 영향력을 끼치는 사람이 되어서 대한민국에서 영적인 부흥이 일어나는 소망이다. 지금 청소년들은 미래를 위해 열심히 공부하고 있다. 하지만 우리가 꼭 기억해야 할 사실은 우리가 앞으로 어떤 직업을 가지는 것이 중요한 것이 아니다. 우리가 국회의원이 되고 의사가 되고 잘나가는 연예인이 되는 것이 중요한 것이 아니다.

내가 국회의원이 되었다고 성공한 것이 아니라 만약 국회의원이 되었다면 국회에서 세상의 유혹과 핍박에 굴하지 않고 하나님의 말씀을 따라가며 하나님의 선한 영향력을 끼치는 것이 성공하는 크리스천이다. 당신이 의사가 되었다고 해서 성공한 크리스천이 아니다. 의사가 되어서 하나님의 나라를 위해 가난하고 돈 없어서 치료 못 받는 사람들을 위해 치료할 수 있는 의사가 성공한 크리스천이다.

즉, 환자를 돈의 수단으로 보는 것이 아니라 주님의 마음으로 사랑하며 한결같은 모습으로 자리를 지키며 치료하는 것, 그래서 그곳에서 삶으로 복음을 전하는 것, 이것이 세상에서 성공하는 크리스천이다. 나는 당신이 그런 사람이 되기를 바란다.

하나님의 편에 서서 내가 속한 곳에서 하나님을 위해 일할 수 있는 사람, 하나님의 편에 서서 움직이는 사람, 하나님의 말씀을 위해서라면 내 모든 것을 걸고서라도 맞서 싸울 수 있는 사람, 그런 사람이 되기를 바란다. 그리고 그런 사람이 하나님께서 인정하시는 성공하는 크리스천이다.

중요한 것은 우리는 미래에 그런 사람이 되는 것이 목표이기도 하지만 지금도 동일하게 느헤미야처럼 살아갈 수 있다. 학교라는 영적인 전쟁터에서 하나님을 의지함으로 세상의 유혹과 핍박에 굴하지 않고 선한 영향력을 끼치며 살아가야 한다.

제자훈련을 하는데 학생 한 명이 이렇게 말했다.

학생: 목사님, 새롭게 고등학교에 올라왔는데 저희 반에 중학교 때 친구가 1명 밖에 없었어요. 그래서 새로운 친구들이랑 친해지고 있는데 점심시간이었어요. 다 같이 밥을 먹고 올라가는데 중학교 때 친구였던 그 친구가 아직 밥을 다 안 먹은 거예요. 다른 친구들은 다 올라가서 저도 올라가고 싶은데 그 친구를 내버려 두고 가기가 좀 그랬어요. 그 친구가 평소에 조용하거든요. 그래서 제가 챙겨주지 않으면 안 될 것 같아서 다른 친구들하고 이야기하고 싶었지만 밥을 다 먹을 때까지 기다려줬어요.

나: 오 그랬구나. 잘했어. (주변 애들 가리키면서) 너희들도 잘 들어봐.

방금 OO이 말한 게 소소한 거 같고 아무것도 아닌 거 같지만 목사님은 바로 이런 게 하나님의 선한 사랑을 실천하는 것이라고 생각해.

지금 너희가 하나님의 사람으로 준비되는 과정이기에 열심히 공부해야 하지만 지금 너희가 속한 곳에서 하나님의 마음을 품고 도움이 필요한 친구에게 손을 내밀어 줄 수 있는 친구가 되기를 바란다.

소소한 곳에서 하나님의 말씀을 따라 살아가는 사람이 느헤미야처럼 성벽을 믿음으로 쌓아 올릴 수 있는 거야. 다들 파이팅!

학생들: 네. 목사님!

우리는 지금부터 느헤미야처럼 살 수 있다. 학교에서 왕따 당하는 학생이 있다면 먼저 손을 내밀자. 당신의 따뜻한 말 한마디가 한 영혼을 살릴 수 있다. 반에서 거짓과 비난과 욕과 조롱이 난무한다고 하더라도 당신만은 사랑으로 살기 바란다. 당신의 사랑을 통해 반이 변화될 것이다. 그리고 하나님께서는 그런 사람들을 준비시키시며 하나님의 사람으로 사용하실 것이다.

이제부터는 나를 위해서가 하나님을 위해서 꿈을 꾸는 사람들이 되기 바란다. 하나님께서는 하나님을 위해서 꿈을 꾸는 사람, 하나님을 대신해서 울 수 있는 사람을 찾고 계신다. 당신이 그런 사람이 되기를 축복한다.

생각하기

1. 크리스천은 나라를 사랑하고 나라를 위해 기도해야 합니다.
   그 이유는 무엇일까요?(함께 나눠 봅시다.)

2. 느헤미야는 당시 어떤 사람이었나요?

3. 느헤미야가 울며 금식하며 하나님께 기도했던 이유는 무엇인가요?

4. 우리가 나라를 위해서 기도해야 하는 이유는 무엇인가요?

5. 느헤미야와 이스라엘 백성은 52일 만에 성벽을 쌓았습니다.
   그러자 어떤 일이 일어났나요?

6. 느헤미야의 사명은 단순히 성벽을 쌓아 올리는 것이 아니었습니다.
   그가 간절히 원했던 것은 무엇이었을까요?

7. 세상에서 성공하는 크리스천은 어떤 사람입니까?

하나님! 제가 가겠습니다. 저를 보내 주세요!
(이사야의 외침)

'당신은 누군가를 다시 만날 수 있다면 어떤 사람을 만나고 싶은가?'
당신은 혹시 <TV는 사랑을 싣고>라는 예능프로그램을 알고 있는가?
<TV는 사랑을 싣고>는 1994년부터 2010년까지 17년 동안 국민들의 사랑을 받아 왔던 장수 예능 프로그램이었다. 그 당시 많은 국민들이 그 프로그램을 보면서 눈물을 흘렸고 웃음을 지었다. <TV는 사랑을 싣고> 예능프로그램은 연예인 또는 스포츠 스타 등 대중이 알고 있는 유명한 사람이 나와서 과거 자신이 만났던 사람 중에 꼭 다시 만나고 싶은 사람을 만나는 프로그램이었다.

그때 당시 <TV는 사랑을 싣고>는 30-40퍼센트의 시청률을 자랑했다. <TV는 사랑을 싣고>를 하는 날에는 이런게 온 국민의 관심이었다.

'오늘은 어떤 연예인이 나와서 누구를 찾을까?'
방송에 나온 연예인들이 다시 만나고 싶은 사람들은 다양했다. 어떤 연예인은 초등학교 때 짝사랑했던 여자친구를 만나고 싶어했다. 또 다른 연예인은 어릴 때 함께 했던 단짝 친구를 만나고 싶어 하기도 했다. 그리고 평소에 자신을 가르쳤던 선생님을 만나고 싶어 하는 연예인들도 있었다.

나는 초등학교 때 <TV는 사랑을 싣고>의 열렬한 팬이었다. <TV는 사랑을 싣고>를 하는 날이면 어떤 약속도 잡지 않고 온 가족과 함께 시청했다. <TV는 사랑을 싣고>에 많은 연예인이 찾았던 만남 중에 제일 기억나는 만남이 하나 있다. 그 당시 미스코리아 출신이었던 여배우가 나왔다. 그 여배우가 찾는 사람은 학창 시절 미술 학원에 같이 다녔던 오빠였다.

그 여배우는 학창 시절 미술 학원을 같이 다니던 오빠에게 반했는데 부끄러워서 고백하지 못했고 시간이 흘러 그 오빠와 자연스럽게 멀어지게 되었다. 여배우는 학창 시절 짝사랑했던 오빠를 찾았고 그 오빠는 여배우를 만나기 위해 프랑스에서 비행기를 타고 한국에 도착했다.

여배우가 "오빠"를 외치자 잠시 후 짝사랑했던 오빠가 달려 나왔다. 그리고 무대 옆에서 구경하고 있던 팬들이 환영의 박수를 보냈다. 그런데 문제는 그 이후에 일어났다. 여배우를 만나러 프랑스에서 왔던 오빠가 여배우를 지나치더니 여자 MC에게 달려갔던 것이다.

그리고는 여자 MC를 꼭 안아 주고 난 후 이렇게 말했다.

예전이랑 많이 달라졌네. 훨씬 건강해졌구나.

미술학원 오빠는 여자 MC와 여배우를 서로 착각했던 것이다. 이 영상은 <TV는 사랑을 싣고> 레전드 영상으로 아직까지 기억에 생생하게 남아 있다.

나는 당신에게 묻고 싶다.

당신은 지금까지 살아오면서 잊지 못하는 만남이 있는가?

만약 다시 만나고 싶은 단 한 사람을 말하라고 한다면 누구를 찾겠는가?

당신에게 이 질문을 하는 이유가 있다. 우리가 누군가를 그리워하며 그 사람을 다시 만나고 싶고 찾고 싶은 것처럼 하나님께서도 찾으시는 사람이 있다.

그렇다면 하나님께서는 어떤 사람을 찾으실까?

1. 하나님 제가 가겠습니다. 저를 보내 주세요.

> 내가 또 주의 목소리를 들으니 주께서 이르시되 내가 누구를 보내며 누가 우리를 위하여 갈꼬 하시니 그때에 내가 이르되 내가 여기 있나이다 나를 보내소서 하였더니 (사 6:8).

이사야는 웃시야 왕이 죽던 해에 하나님을 만났다. 하나님께서는 높은 보좌 위에 앉아 계셨는데 하나님 주변에는 스랍들이 날면서 하나님을 찬양하고 있었다. 하나님을 만난 이사야는 자기 죄가 너무 깊이 깨달아져 "나는 입술이 부정한 사람이며 입술이 부정한 사람들과 함께 살고 있는데 하나님을 만나게 되었구나. 나는 이제 망하게 되었다"라고 말한다. 그러자 그때 스랍 하나가 숯을 가지고 이사야에게 와서 이사야의 입술에 대며 이렇게 말한다.

"이 숯이 네 입에 닿았으니 너의 악은 사라졌으며 네 죄도 용서받았다"라고 말한다. 그리고 그때 이사야는 하나님께서 하시는 말씀을 듣게 된다.

하나님께서는 뭐라고 말씀하셨을까?

내가 누구를 보내며 누가 우리를 위하여 갈꼬?!

지금 이 말의 뜻이 무엇인가?

쉽게 말해서 하나님께서 누가 나를 대신해서 내 마음을 전해 줄 자가 어디 있느냐고 탄식하시는 것이다.

그렇다면 왜 하나님께서는 하나님의 마음을 전해줄 자를 찾고 계신 것일까?

그 이유는 이스라엘 백성이 하나님을 버렸기 때문이다. 이스라엘 백성은 하나님을 경외하는 것 같지만 그들은 이미 하나님을 떠났다.

슬프다 범죄한 나라요 허물 진 백성이요 행악의 종자요 행위가 부패한 자식이로다 그들이 여호와를 버리며 이스라엘의 거룩하신 이를 만홀히 여겨 멀리하고 물러갔도다(사 1:4).

이스라엘 백성의 마음은 하나님을 향해 있지 않았다. 그들은 하나님을 버렸고 하나님을 만홀히 여겼다. 여기서 만홀히 여겼다는 뜻은 관심이 없고 소홀히 여겼다는 뜻이다. 이스라엘 백성은 더 이상 하나님께 관심이 없었다. 그들은 예전처럼 하나님을 더 이상 찾지 않았다. 하나님께서는 그런 이스라엘 백성을 향해 진노하셨다. 안타까워하셨다. 슬퍼하셨다. 그래서 하나님께서는 사랑하는 이스라엘 백성에게 하나님의 마음을 전할 수 있는 사람을 찾고 계신다고 말씀하셨다.

누가 나를 대신해서 영적으로 어두워진 이스라엘 백성을 찾아가서 내 마음을 전하겠느냐!

우리가 말씀을 통해 알 수 있는 사실이 한 가지 있다. 하나님께서는 지금도 사람을 찾고 계신다.

그렇다면 하나님께서는 어떤 사람들을 찾고 계시는가?

바로 하나님의 편에 서 있는 사람을 찾고 계신다. 하나님의 편에 서서 하나님의 마음을 전할 사람을 찾고 계신다. 세상에 나가서 세상의 문화와 가치관에 타협하지 않고 담대하게 하나님의 말씀을 따라 살아가는 사람을 찾고 계신다.

이사야는 하나님의 말씀을 듣고 이렇게 대답했다.

하나님! 제가 가겠습니다. 저를 보내 주십시오!

하나님께서는 오늘도 살아계셔서 예수님의 피로 구원받은 하나님의 자녀들에게 물으신다.

> 누가 나를 대신해서 영적으로 어두워진 대한민국 땅에 내 마음을 전하겠느냐!

당신은 하나님의 이 말씀에 어떻게 대답하겠는가?
나는 당신이 "하나님! 저를 보내 주십시오. 부족하지만 제가 가겠습니다"라고 담대하게 외칠 수 있는 사람이 되기를 바란다. 하나님께서는 완벽한 사람을 들어 쓰지 않으신다. 부족해도 모자라도 하나님의 마음에 드는 사람을 들어 쓰신다. 부족하면 하나님께서는 훈련하신다. 그리고 하나님의 방법대로 사용하신다. 그래서 내가 돈이 없다고 '빽'(배경)이 없다고 걱정할 필요가 없다. 위대하신 하나님만 붙들고 "하나님! 제발 저를 사용해 주세요!"라고 간절히 외치자.

2. 하나님은 완벽한 사람이 아닌 겸손한 사람을 사용하신다

나는 20대 후반 성공적이었던 중등부 사역을 그만두고 거제도에서 한 달 동안 조선소에서 일을 하다가 다시 부산으로 올라왔다. 나는 신대원을 들어가야 했기에 1년 동안 공부에만 집중하려고 했다. 그런데 우연찮게 집에서 가까운 교회에서 사역자를 찾고 있다고 말했고 가정이 있던 나는 그곳에서 사역을 다시 시작하게 되었다.

그곳에서 나는 청소년부를 맡게 되었는데 처음 청소년부 예배를 드리러 갔을 때 학생 수는 10명이 넘지 않았다. 내 기억으로는 총 여섯 명이었던 걸로 기억한다.

이전에 계시던 부목사님이 담임으로 나가게 되셨고 그 빈자리를 교육 전도사인 내가 들어왔던 것이다. 지금까지 규모가 큰 교회에서 사역하길 원했던 나였는데 학생들이 여섯 명이 모인 곳에서 과연 내가 무엇을 할 수 있을지 걱정스러운 생각도 들었지만 맡은 자리에서 최선을 다하자고 다짐했다.

그렇게 나는 여섯 명 밖에 되지 않던 청소년부가 있는 교회에서 사역을 시작했고 놀랍게도 그곳에서 무려 5년 동안 사역을 했다.

그렇다면 청소년부가 이전에 있었던 교회처럼 놀랄만한 사역의 결과들이 나타났을까?

아니, 전혀 없었다. 여전히 청소년부 학생들의 수는 한 자리였다. 하지만 나는 그곳에서 정말 중요한 것을 배울 수 있었다.

먼저, 나는 그곳에서 5년 동안 사역을 하면서 나의 헛된 자만심과 교만을 처절하게 깨닫게 되었다. 나는 하나님의 은혜 없이는 이 길을 갈 수 없다는 것을 거제도 사건을 통해 알게 되었지만, 여전히 내 안에는 내가 능력이 뛰어나야 청소년들을 변화시키고 그렇게 소문이 나서 유명 목사가 될 수 있다는 인간적인 생각들로 가득했다.

하지만 하나님께서는 5년 동안 나의 그런 인간적인 생각과 교만과 착각을 깨뜨리셨다. 나는 그곳에서 5년 동안 사역을 하면서 이전에 청소년부를 부흥시킨 나의 영적 교만들이 완전히 부서졌고 나에게는 이런 고백이 자동적으로 흘러나왔다.

> 하나님, 저는 유명한 목사가 되는 것이 목표였습니다. 그런데 이제는 아닙니다. 이름도 없고 빛도 없는 곳에서 섬기는 목사가 되길 원합니다. 저의 교만과 허영심을 깨닫게 해주셔서 감사합니다. 저를 긍휼히 여겨주시고 언제나 하나님의 은혜를 갈급하는 사람이 되게 해주세요.

나는 그곳에서 5년 동안 많이 다듬어졌다. 하나님께서는 내 성격의 모난 부분을 깎으셨으며 부족한 부분은 채워 넣으셨다. 나는 그 과정이 너무 고통스럽고 힘들었지만, 지금은 그때가 하나님의 크신 은혜였으며 인도하심이었음을 안다.

이 세상에 실력이 뛰어난 사람은 많다. 스펙이 화려하고 멋진 외모까지 갖춘 사람들이 많다. 하지만 하나님께서 원하시는 사람은 완전한 사람이 아니라 하나님 앞에 겸손한 사람을 찾고 계신다. 어떤 순간에도 마음이 교만해지지 않고 겸손함으로 하나님의 이름을 높일 수 있는 사람을 찾고 계신다. 당연히 우리는 하나님의 영광을 위해 실력을 쌓기 위해 많은 노력을 해야 한다. 하지만 그 노력이 당신의 교만함으로 이어져서는 안 된다. 우리는 항상 겸손해야 한다.

만약 지금 당신이 하나님의 은혜가 없이는 하루라도 살아갈 수 없는 연약한 존재임을 인정하지 않는다면 다시 한번 더 당신의 신앙을 되돌아봐야 한다. 겸손하자. 겸손만이 살길이다. 하나님께서는 마음이 낮은 자를 찾고 계신다. 나는 당신이 그런 사람이 되었으면 좋겠다. 만약 당신이 어떤 자리에서든 겸손함을 잃지 않을 때가 됐을 때 하나님께서 당신을 사용하실 것이다.

만약 지금 당신의 미래가 보이지 않는다고 염려하지 마라. 하나님께 내 인생을 맡겼으면 과정을 궁금해하지 마라. 하나님께서 당신과 함께하시면 그걸로 끝이다. 하나님께서 당신을 하나님의 방법대로 인도하실 것이다. 절대 당신이 예측한 대로 움직이지 않으실 것이다. 그때그때마다 당신은 두 손을 들고 하나님께 항복할 것이다. 당신에게 필요한 것은 이런 단 한 가지의 믿음의 고백이다.

"하나님, 제가 목숨 걸고 주님을 위해 가겠습니다."

다시 한번 더 말한다. 하나님께서는 완벽한 사람을 원하시지 않는다. 하나님 앞에 마음이 겸손한 사람을 찾고 계신다. 마음이 겸손한 사람을 하나님께서 직접 훈련하시며 들어 쓰신다. 그런 사람이 하나님의 정결한 도구로 쓰임 받을 수 있다. 나는 당신이 하나님 앞에 겸손한 사람이 되었으면 좋겠다.

생각하기

1. 여러분이 다시 만나고 싶은 사람이 있다면 누구입니까?
   (함께 나눠 봅시다).

2. 이사야가 하나님을 만났을 때 어떤 상태가 되었습니까?
   그 이유는 무엇입니까?

3. 하나님께서 이사야에게 뭐라고 말씀하셨습니까?

4. 하나님께서는 겸손한 사람을 사용하십니다.
   당신은 하나님 앞에 겸손합니까?

5. 여러분은 앞이 보이지 않는 현실 때문에 좌절한 적은 없습니까?
   그 이유는 무엇이었습니까?

6. 하나님 앞에서 겸손한 사람이 되기 위해서 반드시 알아야 할 사실은
   무엇입니까?

아직 당신은 인생을 포기하기엔 이르다!
(에스겔과 마른뼈)

얼마 전 남학생 한 명을 학교에서 집으로 데려다주고 있을 때였다. 집으로 돌아가던 도중 그 친구와 함께 이런저런 이야기를 하다가 곧 있으면 밖에서 마스크를 벗고 다니게 될 것이라고 말했다.
그런데 그 친구가 나에게 이렇게 말했다.

> 목사님. 다른 사람이 마스크를 벗어도 저는 마스크를 절대 벗지 않을 거예요.

그 친구는 앞으로 마스크를 벗게 되는 날이 오더라도 마스크를 벗지 않겠다고 말했다.
그렇다면 왜 그 친구는 마스크를 벗지 않는다고 말했을까?

학생: 목사님. 저는 마기꾼입니다. 그래서 마스크를 안 벗을 거예요.
나: 마기꾼? 마기꾼이 뭐야?

학생: 아! 목사님 모르셨구나. 마기꾼은요. 마스크 사기꾼의 줄임말이에요.

나: 아 … 그랬구나.

마스크 사기꾼이란 뜻은 마스크를 쓰고 있을 때는 엄청 잘생겨 보이고 이뻐 보이는데 마스크를 다 벗고 나면 얼굴이 다 드러나서 못생겨 보인다고 해서 마스크 사기꾼이라고 부르는 것이다. 그 친구가 나에게 이렇게 말했다.

> 목사님 제가 마스크를 쓰면 사람들이 저를 보고 뭔가 분위기가 있어 보이고 잘생겨 보인데요. 그런데 며칠 전 제가 반에서 물을 마신다고 마스크를 살짝 벗었는데 누가 저를 보더니 얼굴 깬다면서 빨리 마스크를 다시 쓰라고 하더라고요. 농담인 줄은 알았지만 저한텐 꽤 신경이 쓰이더라고요. 그래서 저는 코로나19가 끝나도 계속해서 마스크를 쓰고 다닐 거예요.

나는 그 친구의 이야기가 상당히 공감이 갔다. 나도 마스크를 쓰면서 그 친구처럼 여러 에피소드가 있었기 때문이다. 원래 나는 매일 면도를 하는데 어느 날 깜빡하고 면도를 하지 않고 교회에 갔던 적이 있다. 그런데 내가 면도를 했는지 안 했는지 아무도 몰랐다. 왜냐하면, 마스크를 벗지 않으니까 아무도 내 얼굴 상태를 알 수 없었다. 그 일을 계기로 그 뒤부터 나는 면도를 하루 이틀 건너뛰게 되었다. 이틀에 한 번꼴로 하기도 하고 삼 일에 한 번 했던 적도 있었다.

그러던 어느 날 여느 때와 마찬가지로 교회에 면도를 안 하고 갔는데 음료수를 마신다고 마스크를 살짝 벗게 되었다. 그런데 그때 여학생들이 면도를 하지 않은 내 모습을 보더니 이렇게 말했다.

학생 1: 목사님, 오늘 면도 안 하셨네요?
학생 2: 정말? 와~ 목사님. 면도도 안 하시고 왜 그러세요.
나: (당황) 응? 면도 뭐 하루 안 할 수도 있는 건데 …
학생 1: 목사님 때찌! 그럼 못써요. 면도 꼭 하세요!
나: (당황) 꼭 내가 어린이가 된 기분이야. …
학생 2: 꼭 해오세요! 검사할 거예요.
나: 허허허 … 알겠어.

나는 그 뒤부터 매일 면도를 하고 있다.

마스크를 쓰면 편한 것이 있다. 여자친구들은 마스크 때문에 화장에서 많이 자유로워졌다. 마스크 하나만 있으면 맨얼굴로 밖에 나가도 편안하다. 마스크를 쓰고 있으면 아무도 내 얼굴에 신경 쓰지 않는다. 만약 조금 신경을 써야 하는 자리다 싶으면 눈썹을 조금 진하게 그리고 눈에만 화장을 해주면 된다.

그리고 마스크를 씀으로 인해 나는 1년에 수십 번씩 드나들던 병원을 단 한 번도 가지 않았다. 매일 감기철이 다가오면 비염과 천식으로 고생했는데 마스크를 항상 쓰고 다니니까 웬만하면 감기에 걸리지 않았다. 오죽했으면 정말 심각하게 '이러다가 동네 병원들 다문 닫겠다'라는 생각이 들 정도였다. 그리고 실제로 내가 다니던 동네 병원이 문을 닫기도 했다.

그렇지만 마스크를 씀으로 인해서 불편한 점도 있다. 여름에 날씨가 무척 더울 때 마스크를 쓰면 얼마나 답답한지 모른다. 잠시라도 밖에 나가면 마스크를 벗고 다니고 싶어진다. 그뿐만이 아니다. 안경 쓰는 친구들은 겨울에 마스크를 쓰는 게 쉽지 않다. 겨울에 마스크를 쓰면 안경 사이로 김이 모락모락 올라온다. 그렇게 되면 안경은 순식간에 뿌옇게 변해버리고 더 이상 앞을 보지 못하게 된다. 그럴 땐 안경을 벗고 걸어가야 하는데 안경을 벗으면 앞이 잘 보이지 않아서 위험할 수도 있다.

이렇게 마스크를 쓰면 편리한 점도 있지만 때로는 불편한 점도 있다. 그렇다면 우리가 마스크를 매일 썼던 이유가 무엇인가?

왜냐하면 전염병으로부터 나를 지키기 위해서였다. 아주 얇은 마스크였지만 그 마스크 한 장 때문에 병균이 내 몸속으로 들어오는 것을 막을 수 있었다. 그래서 마스크를 매일 쓰고 다니는 게 쉽지 않은 일임에도 감사함으로 쓸 수 있었던 것은 마스크를 통해 내 생명을 지킬 수 있었기 때문이다.

나는 마스크를 통해 오늘 당신에게 하고 싶은 말이 있다. 우리는 세상을 살다 보면 마귀가 주는 유혹을 받는다. 마귀는 세상의 정욕과 탐심과 쾌락을 이용해 내가 스스로 죄를 짓고 하나님을 떠나도록 유혹한다. 마귀는 아담과 하와를 유혹했듯이 오늘도 우리에게 이렇게 말하며 유혹한다.

한 번밖에 없는 인생 하나님을 위해 살지 말고 너를 위해 살아.
네 인생의 주인공은 너야! 네가 행복하면 끝이야.

우리는 이런 마귀의 교활한 유혹에 맞서보려고 하지만 결국 유혹에 빠진 내 모습을 볼 때가 한두 번이 아니다. 그뿐만이 아니다. 세상을 살다 보면 나에게 닥친 시련과 고난으로 절망하며 힘들어한다. 하루아침에 아버지 사업이 망해서 집안이 힘들어져서 도저히 학업을 제대로 이어나갈 수 없을 수 있다. 부모님의 이혼으로 많은 상처와 아픔이 나를 사로잡고 있을 수도 있다. 학교에서 친구와의 갈등으로 인해 절망을 경험할 수도 있다. 시험 성적에 대한 스트레스로 인해 괴로워할 수도 있다.

그런데 마귀의 유혹과 세상의 시련과 고난으로부터 우리를 보호해 주는 것이 한 가지 있다. 마스크가 우리를 전염병으로부터 보호해 주듯이 이것은 세상의 유혹과 시련과 고난으로부터 우리의 영혼을 보호해 준다. 우리가 이것을 항상 우리의 마음속에 지니고 있을 때 우리는 세상의 유혹과 시련과 고난에도 일어설 수 있다.

그렇다면 우리를 세상의 유혹과 시련과 고난으로부터 보호해 주는 것이 무엇인가?

바로 하나님의 말씀이다.

하나님의 말씀이 내 안에 충만할 때 우리는 마귀의 유혹을 거뜬히 이길 뿐만 아니라 시련과 절망 속에서도 일어설 수 있다.

1. 선지자 에스겔 마른 뼈를 보다

> 여호와께서 권능으로 내게 임재하시고 그의 영으로 나를 데리고 가서 골짜기 가운데 두셨는데 거기 뼈가 가득하더라 나를 그 뼈 사방으로 지나가게 하시기로 본즉 그 골짜기 지면에 뼈가 심히 많고 아주 말랐더라 그가 내게 이르시되 인자야 이 뼈들이 능히 살 수 있겠느냐 하시기로 내가 대답하되 주 여호와여 주께서 아시나이다 또 내게 이르시되 너는 이 모든 뼈에게 대언하여 이르기를 너희 마른 뼈들아 여호와의 말씀을 들을지어다 주 여호와께서 이 뼈들에게 이같이 말씀하시기를 내가 생기를 너희에게 들어가게 하리니 너희가 살아니라(겔 37:1-2).

당시 에스겔은 상당히 암울한 시대에 살고 있었다. 에스겔은 그 당시 남 유다 사람이었는데 남 유다는 제국 바벨론에 의해 망하게 되었고 많은 청년과 귀족이 바벨론에 포로로 끌려갔다.

그 포로 중에는 에스겔 선지자도 포함되어 있었다. 에스겔은 바벨론의 포로로 잡혀 와서 수많은 고민에 사로잡혀 있었다.

'하나님은 정말 살아 계시는가?',

'하나님께서 우리를 사랑하신다면 왜 우리를 바벨론의 손에 넘기셨을까?'

그렇게 심각한 고민에 사로잡혀 있는 에스겔에게 하나님께서 찾아오셔서 한 가지 환상을 보여 주셨다. 하나님께서 에스겔에게 보여 주신 환상은 마른 뼈들이 가득히 있는 골짜기였다. 골짜기에 뼈가 가득했으며 그 뼈는 아주 말라 있었다.

그렇다면 왜 하나님께서는 에스겔에게 골짜기에 쌓여 있는 말라 버린 앙상한 뼈들을 보여 주셨을까?

골짜기에 가득하게 있던 말라버린 뼈들은 바로 이스라엘 백성을 가리키는 것이었다. 북이스라엘은 이미 앗수르에 정복당해서 망해 버렸으며 남 유다 또한 바벨론에 정복당했다.

그렇다면 남 유다는 왜 바벨론에 의해 비참하게 망한 것일까?

왜냐하면 그들이 하나님을 외면했기 때문이다. 남 유다가 멸망하기 전 하나님께서는 몇 번이고 선지자들을 통해 하나님께 회개하고 돌아오라고 말했지만, 소용이 없었다. 이스라엘 백성은 선지자들의 외침에도 하나님을 외면했고 더 이상 하나님을 따르지 않았다. 그들은 하나님을 버렸고 우상을 따르며 자신들을 위해 살아갔다. 결국 남 유다 또한 바벨론에 망하게 되었고 많은 사람이 바벨론에 끌려가게 되었던 것이다.

나라 잃은 백성에게 어떤 희망이나 기쁨이 있겠는가?

그들은 하루하루를 희망 없이 절망 가운데 살아가고 있었다. 하나님께서는 에스겔에게 이스라엘 백성이 골짜기에 널려 있는 마른 뼈와 같다고 말씀하셨던 것이다.

말씀을 통해 우리가 알 수 있는 사실이 한 가지 있다. 오늘날에도 마른 뼈처럼 살아가는 사람들이 있다. 그들에게는 아무런 희망이 없고 걱정과 두려움과 절망 속에 살아가고 있다.

그렇다면 그들에게 왜 희망이 없는가?

왜 걱정과 두려움과 절망 속에서 살아가고 있는가?

왜냐하면, 하나님을 외면한 채 살아가고 있기 때문이다. 당신은 기억하라. 하나님의 백성이 하나님을 떠나 살게 되면 마음에 기쁨이 없다. 희망이 없다. 소망이 없다.

때로는 신앙생활을 하다 보면 세상 친구들이 부러울 때가 있다. 예전에 시험기간이 되었을 때 심방을 했는데 여학생 한 명이 나에게 이렇게 말했다.

학생: 목사님. 저희 학교는 매일 주말을 걸쳐서 시험을 쳐요.
나: 그래. 주말에도 시험 준비하느라 많이 힘들지?
학생: 네. 목사님. 어떨 때는 주말에 시험 준비하는 친구들이 부러울 때도 있어요. 저는 교회 올 시간에 그 친구들은 잠을 푹 자거나 공부를 한다고 생각하니 기분이 좀 그렇더라고요.
나: 그랬구나. …

그 학생은 시험 기간이 되면 주일에 예배에 나가야 하는데 세상 친구들은 자유롭게 공부할 수 있는 모습이 부러울 때가 있다고 말했다. 이 학생의 말처럼 우리 또한 세상의 친구들이 부러울 때가 있다. 나는 예수님을 믿기 때문에 학교에 가면 말도 조심해야 하고 못 하는 것도 많은데 세상 친구들은 욕하고 싶을 때 욕하고 자기가 하고 싶은 대로 하며 살아가는 것처럼 보인다. 그래서 그런 세상 친구들의 모습을 보면서 친구들의 자유로움이 부러울 때도 있다.

나도 한때 그런 적이 있다. 교회에서 전도사를 할 때 세상에서 잘 나가는 친구들이 부럽고 멋있어 보였던 적이 있다. '나는 지금 뭐를 하고 있나, … 나도 세상에 나가서 돈도 많이 벌고 좀 떵떵거리면서 살고 싶다'라고 생각을 했던 적이 있다. 그때는 세상 친구들이 멋있어 보였고 좋아 보였다.

그런데 그것은 나의 착각이었다. 나는 세상에서 소망을 찾으려고 했지만 그 어떤 곳에서도 소망을 찾을 수 없었다. 당신은 명심하라. 세상이 주는 쾌락과 정욕과 기쁨은 한계가 있다. 결국 우리를 죄의 파멸로 이끌 것이다.

하나님의 백성은 세상에서 소망을 찾는 것이 아니라 하나님에게서 찾아야 한다. 하나님의 백성은 하나님을 인격적으로 만날 때 하나님 안에서 참된 소망을 발견하며 평안을 얻게 된다.

당신은 세상의 거짓된 문화 앞에서 즐거움을 찾으려고 하지 마라. 그곳에서 살길을 찾지 마라. 하나님 안에서 길을 찾아라. 하나님 안에서 참된 평안과 즐거움과 소망을 찾아라. 하나님을 인격적으로 만나고 하나님 안에서 기쁨을 누리는 당신이 되기를 축복한다.

2. 마른 뼈는 다시 살아날 수 있을까?

> 그가 내게 이르시되 인자야 이 뼈들이 능히 살 수 있겠느냐 하시기로 내가 대답하되 주 여호와여 주께서 아시나이다(겔 37:3).

하나님께서 에스겔에게 아주 중요한 질문을 하신다. 그 질문은 골짜기에 가득 버려져 있는 마른 뼈들이 다시 살아날 수 있겠느냐는 것이다.

사람이 이미 죽은 지 오래되어서 마른 뼈가 되었는데 어떻게 다시 살아날 수 있는가?

그런데 하나님께서는 도저히 불가능한 일을 에스겔 선지자에게 물어보신다.

그러자 에스겔이 하나님께 뭐라고 대답하는가?

"주 여호와여 주께서 아십니다"라고 대답한다.

에스겔은 왜 이 말도 안 되는 질문에 "하나님 그건 불가능합니다."라고 외치지 않았던 것일까?

에스겔이 그렇게 말했던 이유는 우리 인간은 마른 뼈를 살아나게 할 수 없지만 하나님은 하실 수 있다는 믿음이 있었기 때문이다. 즉, 에스겔은 하나님께서 역사하시면 이스라엘 백성이 절망적인 상황에 있다 할지라도 다시 회복할 수 있다고 믿었던 것이다.

하나님께서 그런 에스겔에게 뭐라고 말씀하시는가?

"내가 생기를 너희에게 들어가게 하리니 너희가 살아날 것"이라고 말씀하신다.

이 말은 하나님께서 이스라엘 백성을 다시금 살리겠다고 말씀하시는 것이다. 당신과 나는 하나님의 말씀을 통해 놀라운 비밀을 알 수 있다. 그것은 하나님의 백성이 아무리 절망적인 상황에 있다 할지라도 하나님의 말씀을 붙잡고 기도할 때 다시 살아날 수 있다는 것이다.

당신이 힘들고 절망스러울지라도 하나님의 말씀을 붙잡고 하나님께 매달리면 하나님께서 살려 주신다. 다시 일어설 수 있는 힘을 주신다. 우리는 다른데 눈 돌리지 말고 하나님을 바라봐야 한다. 하나님을 의지해야 한다. 하나님께 은혜를 달라고 간절히 매달려야 한다.

나는 간절히 사모하는 것이 한 가지 있다. 하나님을 사랑하는 청소년들이 불같이 일어나는 것이다. 나는 하나님을 뜨겁게 사랑하는 하나님의 청소년들이 대한민국에 많이 일어났으면 좋겠다. 그래서 하나님을 간절히 의지하며 하나님께서 주시는 은혜로 학교에 가서 선한 영향력을 끼치는 사람이 되기 바란다.

하나님께서는 그런 사람을 찾고 계신다. 하나님을 뜨겁게 사랑하고 하나님을 위해 살아갈 그런 사람을 찾고 계신다. 나는 당신이 그런 사람이 되기를 바란다.

생각하기

1. 코로나19로 겪은 에피소드가 있다면 무엇입니까?(함께 나눠 봅시다.)

2. 마귀는 우리를 어떻게 유혹하나요?

3. 에스겔 선지자가 살던 당시의 이스라엘 상황은 어땠나요?

4. 하나님께서 에스겔에게 보여 주신 장면은 무엇인가요?

5. 하나님께서는 왜 에스겔에게 마른 뼈가 살아날 수 있는지 물어보셨을까요?

6. 아무리 절망스러울지라도 우리가 하나님께 기도하면 하나님께서 다시금 회복시켜 주십니다. 하나님께 기도해서 응답받았던 적이 있나요?

당신도 금 신상 앞에 절하지 않을 수 있습니까?
우상에서 떠날 수 있습니까?
(다니엘의 세 친구 사드락, 메삭, 아벳느고)

> "다음 중 매일 갈아입어야 하는 것은 무엇입니까?"
> 1) 양말   2) 팬티   3) 티셔츠   4) 바지
>
> 당신은 보기 중 정답이 무엇이라고 생각하는가?
> 정답은 양말, 1번이다.

이 문제는 내가 초등학교 때 시험을 칠 때 실제로 나왔던 문제였다. 내가 아직도 초등학교 때 풀었던 시험 문제를 기억하는 이유가 있다. 왜냐하면, 나는 이 문제를 틀렸기 때문이다.

그렇다면 나는 정답을 무엇으로 선택했을까?

2번 팬티라고 적었다. 그 당시 난 정말 팬티가 정답이라고 생각했다. 왜냐하면, 나는 매일 팬티를 갈아입었기 때문이다.

그런데 나는 어릴 때 팬티를 매일 갈아입는 습관 때문에 평생 잊지 못할 일을 겪은 적이 있다. 문제의 그날 나는 초등학교를 가기 위해 준비했다. 초등학교에 입고 갈 옷들을 준비하고 제일 중요한 팬티를 갈아입으려고 옷장을 열었는데 팬티가 보이지 않았다. 나는 당황한 채 엄마를 불렀다.

나: 엄마! 팬티가 없어요.

엄마: 맥아. 네가 매일 팬티를 갈아입으니까 팬티가 없지..
     지금 팬티 다 빨아서 널어놨어.

나: 아 … 그럼 어떻게 해요?
    지금 입고 있는 팬티는 물에 다 젖어서 입고 갈 수가 없어요.

엄마: 어떻게 하지? 젖은 팬티를 줄 수도 없고 … 아! 그럼 이렇게 하자.
     누나 팬티를 입고 가렴.

나: 네? 누나 팬티요? 안돼요! 어떻게 여자 팬티를 입고 학교에 가요. …
    저 절대 못 해요.

엄마: 맥아 … 그럼 젖은 팬티를 입고 가야 하는데 어떻게 할래?
     팬티는 안에 입고 있어서 아무도 모를 거야.

나: 그렇지만 … 어떻게 여자 팬티를 …

엄마: 괜찮아 … 아무도 네가 여자 팬티 입고 왔다는 걸 모를 테니까
     걱정 말고 입고 다녀오렴.

나: 네 … 알겠습니다.

나는 그날 누나 팬티를 입고 학교에 갔다. 누나 팬티를 입고 학교를 갈 때 '혹시 누군가에게 들키면 어떻게 하지?' 하는 걱정과 염려로 가득했다. 다행히 아무도 내가 누나 팬티를 입고 온 것을 알지 못했다. 그런데 잠시 후 선생님께서 들어오시더니 학생들에게 이렇게 말했다.

곧 신체검사를 할 거야. 너희들 다 준비해야 한다.

나는 선생님의 말씀을 듣고 깜짝 놀랐다. 신체검사라니!

내가 초등학교를 다닐 때 1년에 1번씩 신체검사를 했다. 신체검사를 하면 키, 몸무게, 시력, 기타 등등 여러 가지 신체검사를 했다. 그런데 신체검사를 할 때 한 가지 특징이 있었다. 바지와 티셔츠를 벗어야 했다. 런닝과 팬티만 입은 채 신체검사를 받았던 것이다. 그래서 신체검사를 할 때 보통 하루 전에 꼭 광고를 하는데 갑자기 신체검사를 한다는 선생님의 말씀에 정신이 혼미해졌다.

'신체검사를 하면 바지를 벗어야 할 텐데 … 바지를 벗으면 내가 여자 팬티를 입고 왔다는 것을 친구들이 다 볼 텐데 … 어떻게 해야 하지?' 순간 머리에서 싸늘한 식은땀이 흘러내리기 시작했다.

이제 내 초등학교 생활은 끝났다는 생각이 머릿속을 지배했다. 하지만 잠시 후 선생님의 말을 듣고 서늘했던 가슴을 쓸어내릴 수 있었다.

> 곧 신체검사를 할 거야. 너희들 다 준비해야 한다. 아! 오늘 하는 건 아니고 내일 할 거야. 그러니 다들 준비해서 오렴!

역시 한국말은 끝까지 들어봐야 알 수 있다. 나는 그때 "10년 감수했네"라는 말을 뼈저리게 느낄 정도로 긴장했다. 아직도 그때 그 순간을 잊지 못한다. 지금은 웃어넘기면서 이야기를 할 수 있지만 그때 나는 정말 심각했었다. 오늘 내가 당신에게 나만이 알고 있는 팬티 흑역사를 말하는 이유가 있다. 우리는 인생을 살다 보면 내가 예상하지 못했던 상황과 문제들을 겪게 된다.

학교에 수행평가를 내는 날 수행평가 과제를 가지고 오지 않았다든지, 시험과목을 잘못 알아서 당일 날 수학시험을 치는 것을 알게 되었다든지, 아버지 회사가 부도가 나서 부유했던 집이 하루아침에 가난하게 되어버렸다든지, 오래전부터 친했던 친구와 사소한 오해로 서로 사이가 틀어진다든지, 횡단보도를 건너고 있는데 신호를 제대로 보지 못한 차에 부딪친다든지, 즉 내 의지와 내 바램과 상관없이 내가 감당하기 힘든 문제와 상황들을 겪은 적이 한두 번이 아니다.

그렇다면 우리는 내 의지와 상관없이 삶에서 일어나는 문제와 상황 앞에 어떻게 대처해 나가야 할까?

이것이 오늘 당신과 함께 나눌 주제이다.

성경에도 한 가지 선택을 해야 하는 사람들이 나온다. 바로 다니엘의 세 친구들이다. 다니엘의 세 친구들은 한 가지 선택을 해야 하는데 이 선택을 어떻게 하느냐에 따라 살거나 죽게 된다.

도대체 어떤 선택이었을까?

느부갓네살왕이 만든 왕의 금 신상 앞에 절할 것인가, 절하지 않을 것인가의 선택이다. 느부갓네살왕은 자기 금신상을 만들어서 신하들에게 절할 것을 강요했다. 그리고 그곳에는 다니엘의 세 친구도 있었다. 만약 세 친구가 느부갓네살왕의 금 신상 앞에 절하지 않으면 뜨거운 불에 죽임을 당하게 될 것이다.

그런 상황에서 다니엘의 세 친구들은 어떤 선택을 했을까?

1. 금 신상 앞에 절하지 않은 다니엘의 세 친구들

> 사드락과 메삭과 아벳느고가 왕에게 대답하여 이르되 느부갓네살이여 우리가 이 일에 대하여 왕에게 대답할 필요가 없나이다 왕이여 우리가 섬기는 하나님이 계시다면 우리를 맹렬히 타는 풀무불 가운데에서 능히 건져내시겠고 왕의 손에서도 건져내시리이다 그렇게 하지 아니하실지라도 왕이여 우리가 왕의 신들을 섬기지도 아니하고 왕이 세우신 금 신상에게절하지도 아니할 줄을 아옵소서 (단 3:16-18).

그 당시 중동의 패권을 차지한 바벨론의 느부갓네살왕은 어마어마한 크기의 금 신상을 만들었다. 그리고 그 금 신상을 두라 평지에 세우고 자기 신하들을 다 참석시킨 뒤에 무릎을 꿇고 절하라고 명령했다.

당시 느부갓네살이 만든 금 신상이 얼마나 거대했는지 살펴보면 높이는 육십 규빗이었으며 너비는 여섯 규빗이라고 말한다. 육십 규빗은 약 27미터 정도의 높이이며 둘레가 약 2.7미터 정도 되는 엄청난 금 신상이었다.

느부갓네살은 무려 27미터나 되는 엄청난 금 신상을 만들었다.

그렇다면 왜 느부갓네살왕은 이런 어마어마한 금 신상을 만들었을까?

왜냐하면, 느부갓네살왕은 그 당시에 정복한 많은 나라를 철저한 통제 속에 잘 다스리기 원했기 때문이다. 그 당시 느부갓네살왕은 정복 전쟁을 통해 수많은 나라를 정복했다. 느부갓네살왕은 다른 나라를 정복하면 한 가지 정책을 썼는데 그 나라의 모든 재물을 약탈하고 그 나라 사람들을 붙잡아서 바벨론으로 끌고 오는 것이었다.

하지만 여기서 느부갓네살왕에게 한 가지 고민이 있었다. 정복해서 잡아 왔는데 그들의 마음을 계속해서 지배할 수 있는 그 무엇인가가 필요했다. 즉, 여러 민족과 다양한 언어를 가진 사람들을 계속해서 지배하려면 지속적으로 그들을 두렵게 만들 수 있는 힘이 있어야 한다고 생각했던 것이다. 그래서 느부갓네살왕이 생각한 것이 금 신상을 만들어 자신을 신격화하는 것이었다.

느부갓네살왕은 자기 형상을 띤 커다란 금 신상을 세워 놓고 바벨론 안에 있는 모든 신하를 금 신상 앞에 다 집합시켰고 금 신상에게 절을 하라고 명령했다. 그리고 만약 절을 하지 않을 시에는 맹렬히 타는 용광로 속에 던져 넣겠다고 말했다.

금 신상에 절하지 않으면 모든 직위를 빼앗기는 것에 끝나는 것이 아니라 목숨을 잃는 위험한 상황이 되었다. 그런데 이러한 상황에서 느부갓네살왕의 명령에 반기를 들고 거부하는 세 사람이 있었다. 그들은 모든 사람들이 금 신상 앞에 절할 때 절하지 않았다. 그들은 바로 다니엘의 세 친구인 사드락, 메삭, 아벳느고였다.

사드락, 메삭, 아벳느고는 다니엘의 추천으로 왕의 신하가 되었고 이제 왕의 명령만 잘 따르면 더 많은 명예와 부를 얻을 수 있었다. 하지만 그들은 절하지 않았다.

그 이유가 무엇인가?

왜냐하면, 금 신상 앞에 절하는 것은 명백한 우상 숭배이고 그것은 하나님께서 금하신 일이기 때문에 타협할 수 없는 것이었다.

나중에 느부갓네살왕이 세 친구에게 한 번의 기회를 더 준다. 지금이라도 금 신상에 절하면 목숨을 살려주겠다는 것이다.

그러자 세 친구들이 뭐라고 말하는가?

사드락, 메삭, 아벳느고는 느부갓네살왕의 협박을 들으면서도 절하지 않겠다고 선포한다. 그리고 우리가 섬기는 하나님이 우리를 뜨거운 용광로 속에서 건져내실 것이라고 말한다. 그리고 그 뒤에 아주 놀라운 고백을 하는데 설령 하나님께서 우리를 건져내지 아니하실지라도 금 신상에게 절하지 않겠다고 말한다.

이게 도대체 무슨 말인가?

우리가 용광로 속에 들어간다고 하더라도 그래서 하나님께서 우리를 구해내지 아니하실지라도 우리는 우상에게 절하지 않겠다고 말하는 것이다. 이것이 바로 하나님을 향한 사드락, 메삭, 아벳느고의 신앙이었다.

도대체 그들에게 하나님은 어떤 분이셨기에 목숨을 버리면서까지 절하지 않겠다고 할 수 있었던 것일까?

그들에게 하나님은 이 세상의 유일한 신이시며 그들의 왕이시며 통치자이셨다. 그래서 그들은 하나님 앞에서 온전하며 정직했으며 하나님을 경외하며 악에서 떠난 자들이었다. 그들은 언제나 왕이신 하나님을 의식하고 하나님 앞에 살려고 했으며 하나님께서 원하시지 않는 악이라고 생각되는 것이 있으면 어떤 일이 있어도 그 일을 버리고 타협하지 않았다.

2. 하나님을 향한 당신의 사랑과 경건은 지금 어디에?

사드락, 메삭, 아벳느고의 하나님을 향한 사랑과 경건은 하나님조차도 인정하시며 사랑하시는 경건이었다. 나는 다니엘의 세 친구를 통해 당신에게 해주고 싶은 말이 있다.

당신의 경건은 하나님의 마음에 흡족한 경건인가?
당신은 하나님을 사랑하고 있는가?
하나님을 너무 사랑해서 하나님 앞에서 사람 앞에서 정직하려고 노력하고 있는가?

하나님을 너무 사랑해서 삶 속에서 하나님을 항상 의식하고 하나님 앞에 살려고 하고 있는가?

하나님을 너무 사랑해서 하나님께서 원하시지 않는 악에서 떠나려고 하고 있는가?

많은 청소년이 교회를 다니고 있음에도 하나님이 없는 것처럼 살아간다. 하나님을 전혀 의식하지 않는다. 하나님이 나의 주인 되신다고 고백하지만 여전히 삶의 중심은 자신이다. 여전히 우리는 하나님을 사랑하기보다 다른 것을 아끼고 사랑한다.

하나님의 말씀을 읽는 것보다 핸드폰으로 내가 좋아하는 유튜버 영상을 보는 것이 훨씬 더 즐겁다. 기도하는 것보다 컴퓨터 앞에 앉아서 친구들과 게임을 하는 것이 훨씬 더 즐겁다. 교회에 가서 예배드리는 것보다 친구들과 만나서 코인 노래방에 가는 것이 훨씬 더 즐겁다.

만약 누군가가 하나님을 위해서 핸드폰 하는 즐거움을 게임하는 즐거움을 줄이라고 한다면 코인 노래방에 가는 것을 내려놓고 교회에 가자고 한다면 "굳이 내가 왜 그렇게 해야 하는데?"라고 말하며 그렇게 하지 않을 것이라고 말한다. 이렇게 우리의 모습 속에서 하나님을 사랑한다고 고백하지만 여전히 삶의 중심은 자신에게 있는 신앙이 너무 많다.

교회는 다니지만 하나님이 누구신지 모른다. 설교를 듣지만 나의 관심은 다른 곳에 가 있다. 삶 속에서 하나님을 전혀 의식하지 않는다. 하나님을 위해 정직하려고 하지 않는다. 철저히 자신을 위해 살아간다. 왜냐하면, 하나님을 인격적으로 만나지 않았기 때문이다. 그리고 눈에 보이지 않는 하나님을 너무 쉽게 생각하기 때문이다.

나는 지금도 하나님께서 사드락, 메삭, 아벳느고와 같은 사람을 찾고 계신다고 확신한다. 하나님께서는 하나님과 사랑을 나눌 사람을 찾고 계신다. 하나님만을 순수하게 따르고 하나님과 교제하는 것을 즐거워하는 사람을 찾고 계신다. 하나님을 위해서 자기 삶의 모든 영역에서 하나님께 순종하기 위해 마음을 쓰고 애를 쓰는 그런 사람을 찾고 계신다. 하나님을 위해 자기 목숨이 죽을 수도 있는 상황일지라도 하나님의 편에 설 수 있는 사람을 찾고 계신다. 하나님을 위해 세상을 바라보며 눈물 흘릴 사람을 찾고 계신다. 하나님께서는 지금도 하나님과 마음을 나눌 사람들을 찾고 계신다.

어쩌면 죽음의 위협 앞에서도 절하지 않는 세 친구의 신앙은 현재를 살아가는 우리에게 크게 와닿지 않을 수도 있다. 왜냐하면, 우리는 종교의 자유가 허락된 나라에서 살고 있기 때문에 예수님을 믿는다는 이유로 죽음의 위협을 받지 않기 때문이다.

하지만 예수님을 믿기 때문에 목숨을 위협받는 핍박은 아닐지라도 우리는 여전히 세상의 유혹을 받고 있고 세상의 유혹 속에서 하나님의 편에 설 것인지 타협할 것인지 선택해야만 한다.

현재 당신이 받고 있는 유혹은 무엇이며 그 유혹 속에서 당신은 하나님의 편에 서 있는가?

얼마 전 제자훈련 때 여학생 한 명이 자기 이야기를 해줬다.

나: 얘들아, 요즘 방학인데 미디어 많이 하지?

우리 미디어 숙제 있는데 다들 지키기 힘들다는 거 알아.

그래도 주님을 의식하면서 열심히 미디어를 줄여보자.

학생들: 네. 목사님!

여학생: 목사님! 저 드릴 말씀이 있어요.

나: 그래. 이야기해 봐.

여학생: 목사님. 저 방학 때 하루 동안 얼마큼 핸드폰을 했는지 봤는데 17시간을 했더라고요. 그중에 틱톡을 한 시간이 엄청 많았는데 저도 놀랬어요.

나: 와~ 대단하다. 자는 시간 빼고 핸드폰만 한 거잖아? 안 힘들었어?

여학생: 네. 시간 가는 줄 모르고 했어요. 요즘 방학인데 핸드폰 하는 시간 줄여야 하는데 노력해 볼게요.

나: 그래그래. 힘내자. 파이팅!

그 여학생은 방학 때 하루 동안 핸드폰을 얼마큼 사용했는지 이용 시간을 봤는데 무려 17시간이나 했다는 것을 알게 되었다고 말했다. 이 여학생뿐만 아니라 요즘 많은 학생이 미디어를 이용한다. 유튜브를 보기도 하고 틱톡을 하기도 하며 핸드폰으로 인터넷 검색을 하기도 하며 게임을 하기도 한다.

그런데 미디어를 너무 많이 사용해 미디어에 완전히 중독이 되어 버린 친구들이 많다. 미디어가 우상이 되어버린 것이다. 미디어 자체는 잘못된 것이 아니다. 우리가 미디어를 어떻게 사용하느냐에 따라 하나님의 도구가 될 수도 있고 사탄의 도구가 될 수도 있다. 만약 당신이 미디어를 통해 사탄이 만들어 놓은 세계에 중독이 되어서 하나님을 떠나 버린다면 미디어 그 자체가 당신에게 이미 우상이 되어 버린 것임을 명심해라.

　마지막으로 나는 당신이 다니엘의 세 친구처럼 하나님의 편에 서서 하나님을 뜨겁게 사랑하는 사람이 되기를 바란다. 하나님보다 더 사랑하는 것이 없는지 항상 당신의 마음을 살펴라. 하나님이 언제나 당신의 왕이시라는 사실을 기억하라. 왕이신 하나님께서 당신에게 원하시는 것은 순종과 충성이다. 감사함으로 하나님의 편에 서는 사람이 되자.

1. 신앙으로 인해 당황하거나 곤혹스러웠던 적은 없습니까?
   (함께 나눠 봅시다.)

2. 왜 바벨론의 느부갓네살은 금신상을 만들어 절을 하라고 했습니까?

3. 다니엘의 세 친구 사드락, 메삭, 아벳느고는 금 신상에 절하지 않았습니다. 그 이유는 무엇입니까?

4. 느부갓네살이 다시금 절을 하라고 했을 때 다니엘의 세 친구는 뭐라고 이야기 합니까?

5. 다니엘의 세 친구처럼 신앙의 타협을 요구받았던 적은 없습니까?

6. 하나님께서 기뻐하시는 경건은 무엇인가요?

다니엘은 왜 사자굴에 들어갔을까요?

    당신은 신앙의 자유가 있는 시대에 살아가는 것이 얼마나 소중한 것인지 알고 있는가?

    예전에 사역하던 교회에서 외국인들을 위한 부서가 있었다. 바로 영어 예배부와 중국인 예배부였다. 영어 예배부는 내가 부서를 담당하고 있었고, 중국인 예배부는 중국인 전도사님이 담당을 하고 있었다. 당시 나는 중국인 전도사님과 꽤 많이 친했었다. 중국인 전도사님이 조선족 출신이라서 한국말을 잘하기에 의사소통에 전혀 문제가 없었다. 그래서 때로는 농담을 서로 주고받으며 우정을 쌓았다.

    그런데 하루는 중국인 전도사님이 나에게 와서 이렇게 말했다.

> 목사님. 오늘 중국인 부서에서 회의를 했는데 제가 목사님 이름을 이야기하면서 목사님을 꼭 혼 내달라고 했습니다. 조심하세요!

    갑자기 중국인 전도사님이 나에게 이런 말을 했던 이유가 무엇이었을까?

왜냐하면, 이번에 중국에서 열린 베이징 동계 올림픽 때문이었다. 중국 베이징에서 동계 올림픽이 열렸을 때 중국인 전도사님과 나는 쇼트 트랙 경기를 아주 관심 있게 지켜봤다. 대한민국이 금메달을 딸지 아니면 홈 이점을 살린 중국이 금메달을 딸지 궁금했던 것이다.

그런데 베이징에서 열린 쇼트 트랙 경기는 처음부터 많은 논란이 있었다. 쇼트 트랙 경기는 심판의 판정에 큰 영향을 받는데 몇몇 중요한 경기에서 심판의 어이없는 판정으로 몇몇 선수들이 억울하게 탈락하면서 많은 논란이 있었다.

그리고 문제의 그날 저녁 쇼트 트랙 경기 중 어이없는 일이 일어났다. 강력한 금메달 후보였던 대한민국 선수가 누가 봐도 억울한 판정을 받아서 어이없게 실격 당했던 것이다. 너무 안타까웠지만 심판이 결정 내린 판정은 다시 되돌릴 수 없었다. 다음 날이 되었을 때 교회 사무실로 출근한 나는 중국인 전도사님한테 가서 이렇게 말했다.

나: 전도사님 안녕하세요. 어제 쇼트 트랙 경기 봤습니까?

중국 전도사님: (천진난만하게) 네. 목사님. 경기 봤어요.

나: (농담이지만 진지한 표정으로) 전도사님 어제 쇼트 트랙 경기 봤는데 중국에서 너무 편파 판정하는 거 아닙니까?

전도사님 어떻게 생각하세요?

중국 전도사님: (당황) 음 … 제가 심판이 아니라서 잘 모르겠습니다.

그 일이 있고 며칠 뒤 중국인 전도사님이 나에게 와서 이렇게 말했다.

> 목사님 주일날 예배를 마치고 섬기시는 집사님들과 회의를 했는데 때마침 쇼트 트랙 이야기가 나왔습니다. 그래서 제가 요즘 김 맥 목사님이 올림픽 때문에 저를 괴롭힌다고 말했습니다. 조심하세요.

당연히 농담으로 한 이야기였고 훈훈하게 끝이 났다. 나도 전도사님도 스포츠에 목숨 걸지 않기 때문에 서로 농담으로 웃어넘겼다. 그런데 하루는 내가 중국인 전도사님에게 이렇게 질문을 했다.

나: 전도사님. 저 궁금한 게 있는데 물어봐도 되나요?
중국 전도사님: 네. 말씀하세요.
나: 전도사님, 혹시 중국에서는 교회를 다닐 수 있나요? 요즘 중국 공산당에서는 기독교에 관해 어떻게 하나요?
중국 전도사님: 음 … 목사님. 요즘 중국 기독교 인구가 공산당원들 만큼 많아져서 공산당에서 교회를 탄압하고 있습니다. 많은 가정 교회들이 문을 닫고 있어요. 그래서 중국 교회가 많이 힘들어하고 있습니다.
나: 너무 안타깝네요. 전도사님. 그런데 아까 말씀 중에 궁금한 게 있는데 중국인들 모두 다 공산당원들 아닌가요?

중국 전도사님: 아닙니다. 공산당원 되기 힘들어요.

공산당원이 되기 위해 사람들이 줄을 섰습니다.

공산당원이 되면 공산당에서 받는 혜택들이 많거든요.

나: 아 그렇군요. 공산당원이 도대체 몇 명인가요?

중국 전도사님: 저도 확실히는 모르는데 1억 명 정도 되는 것 같아요.

그렇게 중국인 전도사님과의 대화는 끝이 났다. 나는 중국인 전도사님이랑 대화하다가 한 가지 궁금한 것이 생겼다.

중국 공산당원은 정확하게 몇 명일까?

그래서 검색해 보니 2020년 기준으로 공산당원이 9,000만 명이었으며 가족까지 합치면 2-3억 정도였다.

중국에서 기독교를 대놓고 핍박하고 있는데 그 이유가 기독교 인구가 많아져서 공산당에서 위기의식을 느낀 것이다. 공산당에서는 기독교가 공산주의 체제를 뒤엎을 수 있는 위험한 곳이라고 생각하고 있었다. 그래서 기독교인 수가 점점 많아지니까 공산당에서 더 이상 교회를 나갈 수 없도록 핍박했던 것이다.

나는 중국인 전도사님의 이야기를 들으면서 교회를 다닐 수 있는 자유가 얼마나 소중한 것인지 다시 한번 더 생각하게 되었다. 누군가의 위협으로 교회에 나가지 못하고 교회가 문을 닫아야 하는 상황이 내가 살고 있는 이 땅에서도 일어나게 된다면 얼마나 괴롭고 힘들까 하는 생각이 들었다.

왜 내가 오늘 당신에게 이 말을 하는지 아는가?

우리가 하나님께 마음껏 예배드릴 수 있는 자유가 얼마나 소중한 것인지 말하기 위해서이다. 우리나라에서도 중국처럼은 아니지만 몇 년 동안 교회에 예배를 드리러 가는 것에 적잖이 어려움을 겪어야만 했다.

그 이유가 무엇인가?

코로나19 때문이다. 코로나19라는 전대미문의 전염병이 전 세계를 강타했고 우리나라도 피해 갈 수 없었다. 그리고 코로나19로 인해 우리가 다니는 교회들 또한 많은 아픔을 겪어야 했다.

코로나에 확진되는 사람들이 많아지면서 한동안 교회 문을 닫고 영상으로 예배를 드려야 했다. 주변에 믿지 않는 가족들에 의해 예배를 한동안 나오지 못하는 경우도 있었다. 이렇게 코로나19는 우리의 신앙생활에 적잖은 충격을 가져다주었다. 그리고 코로나19는 우리에게 한 가지 해결해야 할 소중한 과제를 안겨다 주기도 했다. 우리는 국가적 재난이나 다른 외부적인 요인으로 인해 신앙을 핍박당하거나 제한받을 때 과연 어떤 모습으로 나아가야 하는가에 대한 질문이었다.

이런 시대적 상황 속에서 하나님을 믿는 백성은 어떻게 해야 할까? 우리는 이 질문에 대한 답을 찾아야 한다. 그래야 어떤 상황 속에서도 하나님을 믿고 나아갈 수 있다.

1. 사자 굴에 들어갈 수밖에 없게 된 다니엘

다리오가 자기의 뜻대로 고관 백이십 명을 세워 전국을 통치하게 하고 또 그들 위에 총리 셋을 두었으니 다니엘이 그 중의 하나이라 이는 고관들로 총리에게 자기의 직무를 보고하게 하여 왕에게 손해가 없게 하려 함이었더라 다니엘은 마음이 민첩하여 총리들과 고관들 위에 뛰어나므로 왕이 그를 세워 전국을 다스리게 하고자 한지라 이에 총리들과 고관들이 국사에 대하여 다니엘을 고발할 근거를 찾고자 하였으나 아무 근거, 아무 허물도 찾지 못하였으니 이는그가 충성되어 아무 그릇됨도 없고 아무 허물도 없음이었더라(단 6:1-4).

성경을 보면 굶주린 사자가 우글거리는 사자 굴속에 자진해서 들어간 사람이 있다는 것을 알고 있는가?

그 사람은 바로 다니엘이다. 다니엘이 사자 굴에 들어간 사건은 아주 유명하다. 아까 다니엘이 자진해서 사자 굴에 들어갔다고 말했지만 사실 다니엘은 누군가의 모함으로 억울하게 사자 굴속에 들어간 것이 맞다. 하지만 다니엘은 자신이 마음만 먹으면 사자 굴에 들어가지 않을 수도 있었다. 그러나 다니엘은 사자 굴속에 들어가는 것을 선택했다.

도대체 다니엘에게 어떤 일이 있었길래 그는 굶주린 사자들이 있는 굴속으로 들어가는 것을 선택한 것일까?

다니엘은 남 유다 왕국 출신으로 바벨론에 의해 남 유다가 정복당했을 때 바벨론의 포로로 끌려왔다. 하지만 다니엘은 포로 출신임에도 불구하고 바벨론에서 높은 위치까지 올랐으며 바벨론에서 왕이 두 번이나 바뀌었음에도 신하로서 최고의 자리를 지켰다. 그런데 영원할 것만 같은 바벨론 제국이 멸망하게 되었다. 바벨론 제국을 무너뜨린 왕은 메대와 바사 제국 즉 페르시아의 다리오왕이었다.

페르시아의 다리오왕이 바벨론 제국을 정복했다. 모든 것을 다 이룬 듯 보이지만 이제 시작이다. 왜냐하면, 제국을 어떻게 통치할 것인가가 중요한 과제로 남아있기 때문이다. 다른 나라를 정복하려면 강한 군대가 필요하다. 하지만 다리오왕은 이미 강한 군대로 많은 나라를 정복했기에 이제 강한 군대보다 정복한 나라들을 평화롭게 다스릴 뛰어난 관리가 필요했다.

그래서 다리오왕은 자신이 정복한 나라들을 잘 다스리기 위해 120명의 관리를 세웠다. 그리고 그들을 전국 각 지역에 보내서 통치하게 했다. 그리고 다리오왕은 120명의 관리를 관리하는 총리를 세 명 세웠는데 놀랍게도 다니엘은 세 명의 총리들 가운데 한 사람이었다. 더 놀라운 사실은 페르시아 제국의 다리오왕이 다니엘을 이인자로 세우려고 한다.

그만큼 다니엘은 유능했으며 충성되었으며 또 아무런 흠이 없을 정도로 청렴결백한 사람이었다. 그런데 여기서 문제가 일어난다. 왕이 다니엘을 신뢰해서 나라의 이인자로 세우려고 하니까 다른 신하들이 발끈하고 일어났던 것이다. 그래서 다른 신하들은 다니엘의 흠을 잡기 위해 조사를 하는데 아무리 조사를 해도 다니엘이 워낙 깨끗한 사람이었기 때문에 걸고넘어질 것이 없었다. 다니엘은 유능했고, 정직했으며 충성했다. 그리고 언제나 한결같았다. 그는 믿고 등을 맡길 수 있는 그런 사람이었다.

이 땅에 다니엘처럼 유능한 사람은 참 많다. 화려한 스펙과 능력 있는 사람들이 많다. 하지만 유능한 사람과 능력 있는 사람은 많을 지라도 정직한 사람은 찾기 힘들다. 정치인으로 유능하면서 정직할 수 있다는 것은 정말 쉽지 않은 일이다.

그렇다면 다니엘을 정직하게 만들었던 원인이 무엇이었을까?

그의 정직함은 어디에서 나오는 것이었을까?

왜냐하면 다니엘은 언제나 하나님을 향한 경외감으로 가득 차 있었기 때문이다. 그의 의식은 언제나 하나님께 맞춰져 있었다. 하나님을 사랑하고 경외함이 다니엘의 삶의 모든 영역에서 자연스럽게 흘러나왔다.

120명의 관리와 2명의 총리는 다니엘의 흠을 잡아서 모함하려고 했지만 도저히 흠을 잡을 수 없는 사람이라고 결론을 내리고 다른 방법을 모색했다. 고민 끝에 한 가지 방법을 생각해 냈는데 바로 다니엘의 기도였다. 다니엘은 매일 하루 세 번씩 창문을 열고 예루살렘을 향해 하나님께 기도했다. 다니엘을 모함하려는 신하들은 여기에서 함정을 파기로 했다. 그들은 먼저 왕을 찾아가서 왕을 굉장히 위해주는 것처럼 하면서 다니엘이 걸릴 함정을 만들었다. 왕에게 앞으로 30일 동안 왕 이외에 다른 신이나 사람에게 기도하면 사자 굴에 던져 넣기로 한다는 법을 만들어서 가지고 온 것이다.

하지만 이 법이 통과된다고 하더라도 다니엘은 충분히 빠져나올 수 있었다. 그는 120명의 관리와 2명의 총리를 맞서 싸워 이겨낼 수 있는 지혜가 있었다. 다니엘에게는 정권과 나라가 바뀌는 상황 속에서도 왕의 신뢰를 받아 왔던 내공이 있었다.

그런데 다니엘은 의외의 선택을 한다. 다니엘은 과연 어떤 선택을 했을까?

> 다니엘이 이 조서에 왕의 도장이 찍힌 것을 알고도 자기 집에 돌아가서는 윗방에 올라가 예루살렘으로 향한 창문을 열고 전에 하던 대로 하루 세 번씩 무릎을 꿇고 기도하며 그의 하나님께 감사하였더라(단 6:10).

다니엘은 왕이 새 법에 도장을 찍은 것을 알고도 늘 하던 대로 다락방에 올라갔다. 그리고 창문을 열고 예루살렘을 향해 하루에 세 번씩 무릎을 꿇고 기도하며 하나님께 감사했다. 다니엘은 새롭게 만들어진 법이 자신을 노리는 것임을 알았다. 그래서 자신이 원래 하던 대로 기도하면 자기 대적들이 지켜보고 있을 것이라는 것을 알고 있었다. 그런데도 다니엘은 원래 하던 대로 창문을 열고 하나님께 감사하며 기도했다. 나는 사자 굴에 들어간 다니엘을 보면서 학생들과 함께 나눈 적이 있다.

나: 얘들아. 너희들은 사자 굴에 들어간 다니엘에 관해 어떻게 생각하니?

학생 1: 목사님, 저는 다니엘이 그런 상황에서도 신앙을 지킨 것이 대단하다고 생각해요.

학생 2: 저는 사자 굴에 절대 못 들어갈 것 같아요. 그래서 창문을 열지 않고 기도했을 것 같아요.

학생 3: 음 … 정말 어려운 문제 같아요. 기도하면 자신이 죽는다는 걸 알면서 기도했다는 게 정말 대단한 거 같아요.

그렇게 학생들이 한 명씩 자기 생각을 이야기하고 난 뒤 나는 학생들에게 말했다.

나: 목사님은 처음에 다니엘을 생각했을 때 너무 융통성이 없어 보였어. 다니엘은 그 당시 총리였잖니. 그래서 그 위치에서 이스라엘 백성을 위해 큰일을 할 수 있었다고 생각했었어.

그래서 새 법이 나왔을 때 다니엘이 30일 동안 기도를 잠시 쉬면 원래의 위치에서 계속 있으면서 제국에서 고통받는 이스라엘 백성을 도울 수 있지 않았을까? 하는 생각이 들었단다.

그리고 기도를 정말 포기할 수 없었다면 창문을 닫고 사람들 모르게 기도하면 어땠을까? 하는 생각도 들었어. 특히 외모를 보지 아니하시고 마음을 보시는 하나님께 굳이 소리 내서 기도하지 않더라도 마음속으로 기도해도 괜찮지 않았을까? 하는 생각도 들었단다.

그런데 다니엘은 그 어떤 것도 하지 않고 오히려 원래 하던 대로 창문을 열고 기도했지. 목사님은 그런 다니엘을 보면서 다니엘에게 있어서 하나님은 목숨보다 더 소중한 존재였다는 게 절실하게 느껴지더라.

그리고 다니엘을 보면서 우리가 신앙생활을 하면서 절대 타협할 수 없는 것들이 있다면 그것이 무엇일까? 하는 생각도 들었단다.

목사님은 다니엘을 통해 우리의 신앙을 다시 돌아보는 계기가 됐으면 좋겠어!

2. 당신도 다니엘이 될 수 있다.

현재를 살아가는 우리에게 다니엘의 행동은 이해되지 않는 행동일 수도 있다. 굳이 신앙 때문에 자기 모든 행복을 포기하고 목숨까지 포기하는 사람을 보면 극단적이라고 말할 수도 있다. 그러나 예수님을 인격적으로 만난 사람에게는 이것이 결코 간단한 문제가 아님을 알아야 한다. 예수님을 만난 사람들에게 예수님은 머릿속에만 계신 분이 아니라 우리 가운데 살아 역사하시는 분이시기 때문이다.

다니엘이 사자 굴을 빠져나갈 수 있는 구멍들은 상당히 많았다. 하지만 다니엘은 그렇게 하지 않았다. 왜냐하면, 다니엘은 언제나 하나님 앞에서 살아왔기 때문에 그 법이 자기 목숨을 앗아갈 수 있음을 알고 있음에도 기도를 멈출 수 없었던 것이다.

오늘 우리는 다니엘을 보면서 우리의 신앙을 돌아봐야 한다. 우리는 나의 왕 되시며 주인 되시는 분이 예수님이라고 고백하지만 정작 내 삶의 중심은 내 마음의 중심은 내가 중심이 되어 신앙생활을 하고 있지 않느냐 하는 것이다. 나는 당신에게 도전한다. 철저하게 하하나님 중심으로 신앙생활을 하는 당신이 되기를 바란다. 내가 하는 말, 내가 하는 행동, 내가 먹는 마음까지도 철저하게 하나님을 의식하기 바란다. 매일의 삶 속에서 하나님과 함께하는 것에 가장 큰 기쁨을 누리는 당신이 되기를 바란다.

제자훈련을 하는데 학생 한 명이 이렇게 말했다.

학생: 목사님 저번 한 주 동안 학교에서 너무 힘들었습니다.

나: 응? 무슨 일 있었어?

학생: 딱히 뭐 큰일이 있거나 그런 건 아니었는데. 요즘에 공부를 하는데 문제가 안 풀리고 하면 마음에 짜증이 너무 많이 났습니다. 그래서 공부하다가 문제가 안 풀리면 책을 집어던지고 싶더라고요.

그렇게 매일 참지 못할 정도로 짜증스러운 마음이 제 마음을 사로잡고 있어서 너무 힘들었습니다. 그래서 어떻게 하면 이런 짜증스러운 마음을 이겨낼 수 있을지 고민하다가 아침에 일어나서 학교 가기 전에 기도를 하기 시작했어요.

기도하면서 오늘 하루 학교에서 하나님을 잊지 않고 살아가게 해달라고 마음을 지켜 달라고 기도하고 갔습니다.

그런데 그렇게 기도하고 학교에 가니까 제 마음이 많이 달라졌어요. 평소 같으면 짜증 냈을 법한 일에 짜증이 나지 않는 거예요.

참고 넘길 수 있겠더라고요.

그때부터 계속 매일 아침마다 기도하고 있습니다.

나: 와~ 너무 좋네. 아침에 일어나서 매일 하루의 시작을 하나님께 드리는 것이 얼마나 귀한 건지 너희들 모두 다 알았으면 좋겠어.

목사님도 매일 새벽 기도를 할 때 하나님 앞에 제일 먼저 드리는 기도가 있어. 목사님은 이렇게 기도드려. 하나님. 오늘 하루도 새롭게 시작할 수 있게 해주셔서 감사합니다. 하나님은 저의 왕이시며 주인이십니다. 오늘 하루도 하나님의 영광을 위해 살아가는 제가 되기를 원합니다. 제 삶의 모든 영역에서 하나님을 나의 왕으로 모시고 살아가기 원합니다. 하나님 오늘 하루도 저와 함께해 주시고 은혜를 주세요.

나는 당신에게 도전한다. 나는 당신이 철저하게 하나님 중심으로 살아가는 사람이 되기 바란다. 당신이 하는 말, 당신이 하는 행동, 당신의 생각하는 마음까지도 하나님을 의식하기 바란다.

다니엘은 사자 굴에 갇혔다. 그러나 다니엘은 사자 굴에서 죽지 않고 살아 있었다. 사자들이 다니엘을 잡아먹기는커녕 건드리지조차 못했다. 하나님께서 밤새 천사를 보내셔서 사자들의 입을 막아 다니엘을 지켜 주셨던 것이다. 다리오왕은 다니엘을 모함했던 자들을 다 사자 굴에 집어넣었고 그들은 굴 밑에 닿기도 전에 사자가 그들을 집어삼켜서 뼈까지 부서뜨려 먹어 버렸다.

다니엘은 사자 굴에 들어갔지만 하나님께서 다니엘을 살려주셨고 다니엘을 괴롭히던 사람들은 다 일망타진 되었으며 이야기는 해피엔딩으로 끝이 난다. 하지만 여기서 우리가 기억해야 할 중요한 것이 하나 있다. 다니엘의 순종이 마냥 해피엔딩으로 끝나지 않을 수도 있다는 것이다. 그럴지라도 사자 굴에 들어간 다니엘의 순종을 보면서 우리는 참된 순종이 무엇인지 생각하게 된다.

참된 순종은 결과를 생각하지 않고 믿음으로 말씀에 순종하는 것이다. 지금 코로나19 시대에 하나님께서 우리에게 원하시는 것은 순종이다. 만약 내가 하나님을 믿음으로 인해 불이익을 받게 된다고 할지라도 그것이 하나님의 말씀이면 타협할 수 없다. 설령 사자 굴이 우리를 기다리고 있다고 하더라도 신실하신 하나님을 의지함으로 나아가자. 우리의 연약함을 인정하고 간절히 하나님의 은혜를 구하며 나아가자. 우리는 코로나19 시대에 오히려 더 나라를 위해 기도하고, 평소보다 더 신앙생활을 열심히 해야 하며 이웃을 위해 헌신하며 봉사해야 한다.

우리가 이런 시대 속에서도 하나님을 굳건하게 붙들면서 나아갈 때 하나님께서 그런 당신을 귀하게 사용하실 것이다. 하나님의 사람으로 귀하게 쓰임 받는 당신이 되기를 축복한다.

1. 신앙 때문에 다른 사람에게 핍박받았던 적이 있나요?

2. 코로나19 때 우리는 어떻게 신앙생활을 했습니까?

3. 다니엘이 사자굴에 들어가게 된 이유는?

4. 다니엘은 사자굴에 들어가지 않을 수도 있었습니다. 그러나 다니엘은 사자굴에 들어갑니다. 그 이유는 무엇입니까?

5. 코로나19 시대에 참된 순종이란 과연 무엇일까요?